ΤΟ ΣΠΙΡΤΟ

(ΘΕΑΤΡΙΚΟ)

ΠΑΝΟΣ ΝΙΑΓΚΟΣ

ΠΡΩΤΗ ΠΡΑΞΗ

Σκηνή 1

(Το σκηνικό είναι πολυεπίπεδο. Σε διάφορα σημεία του υπάρχουν πόστα με πωλητές και πελάτες. Άνθρωποι κυκλοφορούν και ανεβοκατεβαίνουν από τις σκάλες και το ασανσέρ που βρίσκεται στο κέντρο της σκηνής. Γύρω από το ασανσέρ υπάρχει ο χώρος όπου τοποθετείται η ταράτσα του κτηρίου. Μέσα στο ασανσέρ υπάλληλος που το χειρίζεται. Φαίνεται ότι προσπαθεί να φτιάξει το ηχείο του θαλάμου που μια παίζει μουσική και μια σταματάει. Ανοίγει η πόρτα και μπαίνει το αφεντικό.)

ΑΦΕΝΤΙΚΟ
(αδιάφορος, τυπικός)

Γεια σου, Τομ.

ΤΟΜ

Καλώς ήρθατε, κύριε. Στο γραφείο σας ανεβαίνετε, φυσικά.

ΑΦΕΝΤΙΚΟ

Όχι, μέχρι τέρμα και μετά θα ανέβω ταράτσα. Θέλω να καπνίσω ένα πούρο στον καθαρό αέρα πριν πέσω στα κύματα της επιχείρησης. Αυτό το καράβι παιδί μου δεν έχει αυτόματο πιλότο. Έχει εμένα, και αν δεν το οδηγώ καλά, τα κουμπάκια που πατάς εσύ, θα πάψουν να υπάρχουν και θα σταματήσεις να ανεβοκατεβαίνεις εδώ μέσα.

ΤΟΜ

Μάλιστα καπετ… μάλιστα κύριε.

ΑΦΕΝΤΙΚΟ

Ο παππούς μου έλεγε «αν ο χοντρός λεπτύνει, ο αδύνατος πεθαίνει». Ξέρεις τι σημαίνει αυτό, αγαπητέ;

ΤΟΜ

Ότι πρέπει να πάρω κιλά επειγόντως;

ΑΦΕΝΤΙΚΟ

Το περίμενα ότι θα καταλάβαινες λάθος. Σημαίνει ότι πρέπει να αδυνατίσεις για να παραμείνει παχύ το ταμείο της επιχείρησης ώστε να συνεχίσεις να έχεις δουλειά ανόητε.

(Φτάνει στο τέρμα. Βγαίνει το αφεντικό)

(Ο ΤΟΜ πατάει το πλήκτρο κατάβασης. Μιλάει στο εσωτερικό ακουστικό με το τηλεφωνικό κέντρο του κτιρίου με μια κοπέλα)

                            TOM
Καλημέρα, Στέλλα.

                            ANNA
Λάθος κάνετε. Είμαι η καινούργια. Η Στέλλα έφυγε.

                            TOM
Πού πήγε;

                            ANNA
Κληρονόμησε και έφυγε ταξίδι. Έτσι μου είπαν. Τώρα είμαι
εγώ στο τηλεφωνικό κέντρο. Τι θα θέλατε; Πρόβλημα στο
ασανσέρ;

                            TOM
Όχι, απλώς μίλαγα πού και πού μαζί της. Έτσι, για να σπάω
τη μονοτονία και να μαθαίνω κανένα νέο από τον έξω κόσμο.
Οκ ευχαριστώ.

                            ANNA
Τίποτα.

                            TOM
Α… πώς σε λένε; Αν και αποκλείεται να σε συναντήσω, να
ξέρω τουλάχιστον τα βασικά.

                            ANNA
(…)Άννα. Γιατί αποκλείεται;

                            TOM
Γιατ… κλείνω. Πιάνω όροφο και θα μπουν πελάτες…

                         (ισόγειο)
     (μπαίνουν μια κυρία με την κόρη της και ένας παπάς)

                           ΚΥΡΙΑ
Στον 3ο παρακαλώ, στα γυναικεία.

                           ΠΑΠΑΣ
Στον 4ο εγώ, τέκνο μου. Ανδρικό.

                            TOM
Μάλιστα.

                          ΚΟΡΙΤΣΑΚΙ
                        (Γκρινιάρικα)
   Εγώ θα διαλέξω τι θέλω.

                           ΚΥΡΙΑ
                         (Αυταρχικά)
Σσσσς…

                            [2]

ΚΟΡΙΤΣΑΚΙ
(Δε το βάζει κάτω)
Εγώ θα διαλέξω τα δικά μου...

ΚΥΡΙΑ
Σσσς... λέω. Θα σε σκαμπιλίσω μπροστά στον παππούλη.

ΤΟΜ
(προς το κοινό)
Εγώ δε λογαριάζομαι. Η θέση βλέπετε. Θεωρούμαι κομμάτι
του ασανσέρ.

ΠΑΠΑΣ
Να ακούς τη μητέρα σου, παιδί μου. Για καλό σου. Ξέρει
καλύτερα τι σου χρειάζεται.

ΚΟΡΙΤΣΑΚΙ
(του δίνει κλοτσιά στο καλάμι και το σκάει από την πόρτα
που μόλις άνοιξε. Η μητέρα φρικάρει.)

ΚΥΡΙΑ
(κατακόκκινη)
Χίλια συγνώμη, πάτερ μου. Αχχ πόσο ντρέπομαι..
(βγαίνει τρέχοντας)

(Το ασανσέρ συνεχίζει προς 4° όροφο)

ΠΑΠΑΣ
(Δείχνει να πονάει)
Αχχχ...το πόδι μου...μα τον άγιο...

ΤΟΜ
Είστε καλά;

ΠΑΠΑΣ
Μέχρι πριν λίγο ναι...

(ανοίγει η πόρτα. Ο παπάς βγαίνει κουτσαίνοντας...)

ΤΟΜ
(προς το κοινό)

Μερικές φορές συμπαθώ τη δουλειά μου. Με
διασκεδάζει. Κάτι που γενικώς μου λείπει όταν βγαίνω έξω
από αυτό το κουτί. Όσο είμαι εδώ μέσα όλο και κάτι θα
γίνει. Θα μπούνε κάθε καρυδιάς καρύδι απ' όλες τις
τάξεις, ηλικίες, επαγγέλματα, φυλές. Όλα τα πρόσωπα
αλλάζουν κάθε τόσο. Άγνωστοι ανεβαίνουν, κατεβαίνουν
στους ορόφους κουβαλώντας τα όνειρά τους μέσα σε

πλαστικές σακούλες πανάκριβων φιρμών. Σακούλες με πράγματα – επί το πλείστον– άχρηστα.
Είμαστε από τα πιο διάσημα εμπορικά κέντρα της χώρας. Αν θέλεις να έχεις κάτι να πεις, πρέπει να περάσεις από εδώ. Όλα αλλάζουν κάθε μέρα. Τα ράφια, οι άνθρωποι, οι τιμές, και οι προσφορές. Το μόνο σταθερό μέσα σε όλα αυτά είμαι εγώ. Γιατί; Γιατί είμαι αντικείμενο. Ναι… μη γελάτε. Όσο παριστάνεις το αντικείμενο έχει σίγουρη δουλειά. Τι είμαι εγώ; Ένα κουμπί. Με πατάς – τσουπ– σε ανεβάζω. Με ξαναπατάς – τσουπ – σε κατεβάζω.
Αυτά βέβαια μπορούν να τα κάνουν μόνοι τους και οι πελάτες. Αλλά –ευτυχώς για μένα– η επιχείρηση πιστεύει ότι για λόγους πρεστίζ, πρέπει να υπάρχει και Lift Boy. Ξέρετε. Παλιό στιλ κλπ. Ούτε κάμερες, διακριτική επίβλεψη, τέτοια. Για να επικεντρώνονται στις αγορές οι πελάτες. Εγώ αποφεύγω, γενικώς, να κάνω όνειρα. Ομολογώ όμως ότι μερικές φορές σκέφτομαι κάτι. Κάτι απλό αλλά… διάβολε μου φαίνεται τόσο δύσκολο που και εγώ ακόμα βάζω τα γέλια… πόσο μάλλον να το ξεστομίσω και σε άλλους.

(Χτυπάει ο ήχος ορόφου και ανοίγει η πόρτα)

(15ος όροφος. Σπορ εξοπλισμός. Μπαίνει ζευγάρι με σκι χιονιού και τα σχετικά)

ΑΓΟΡΙ
Γεια σας.

ΚΟΡΙΤΣΙ
Γεια σας. Στον 2ο.

ΤΟΜ
(κοιτάζει τα σκι έκπληκτος)
Πάτε για σκι παιδιά; Ωραία..

ΚΟΡΙΤΣΙ
Τα πήραμε γιατί ήτανε σε καταπληκτική τιμή!

ΤΟΜ
Φυσικά. 25 Μαΐου μόνο καταπληκτική τιμή θα μπορούσαν να έχουν τα σκι. 22° έχει έξω.

ΑΓΟΡΙ
(στο κορίτσι)
Εγώ στα παλτά δε θα αντέξω. Θα σε περιμένω στο καφέ.
(φτάνουν στον 2° όροφο)

ΚΟΡΙΤΣΙ
Αν δεν με ακολουθήσεις, θα κάνω σκηνή. Εγώ σε ακολουθώ όπου κι αν πας. Χτες, δεν ήρθα μαζί σου στην κατάδυση αν και δεν με ενδιαφέρει καθόλου;

ΑΓΟΡΙ
Ήρθες επειδή ζηλεύεις την παρέα μου.

(Ανοίγει η πόρτα. Του κάνει νόημα να βγει πρώτος.
Ξεφυσάει και βγαίνει κι αυτή)

TOM
(προς το κοινό)

Οι άνθρωποι γενικώς ψωνίζουν πρώτα ό,τι ΘΑ τους χρειαστεί
και όχι ό,τι τους χρειάζεται ΤΩΡΑ. Γενικώς, ξεχνάνε να
ζήσουν το τώρα, και κάνουν σχέδια για ένα μέλλον που ποτέ
δεν έρχεται, ή όταν αποφασίσει να έρθει δεν είναι καθόλου
όπως το υπολόγιζαν ότι θα είναι.

(Όροφος 9ος.Μπαίνει ένας ΑΣΤΥΝΟΜΙΚΟΣ. Κλείνει η πόρτα και
πατάει το κουμπί STOP. Το ασανσέρ ακινητοποιείται και
αρχίζει κάτι σαν ανάκριση)

ΑΣΤΥΝΟΜΙΚΟΣ
(Συνωμοτικά)
Καταλαβαίνεις ποιος είμαι, φυσικά.

TOM
Όχι της Μυστικής πάντως. Ωραία στολή. Γιατί σταμάτησες το
ασανσέρ; Κόσμος περιμένει...

ΑΣΤΥΝΟΜΙΚΟΣ
(τον κόβει)

Άσε τον κόσμο να περιμένει... εγώ έναν ψάχνω.

TOM
Εμένα;

ΑΣΤΥΝΟΜΙΚΟΣ
Θέλω τη συνεργασία σου. Είσαι σε θέση κλειδί. Ένα
κλεφτρόνι έχει ρημάξει πολλά μαγαζιά εδώ μέσα. Μπαίνει,
χτυπάει και φεύγει...

TOM
Αυτή είναι η σειρά πάντα. Και εγώ τι να κάνω δηλαδή;

ΑΣΤΥΝΟΜΙΚΟΣ
(Με νόημα)
Το νου σου.

[5]

TOM

Το νου μου;

ΑΣΤΥΝΟΜΙΚΟΣ

Θα έχεις το νου σου. Ό,τι ύποπτο δεις, θα ενημερώσεις το τηλεφωνικό κέντρο.

TOM

(Δήθεν εκπλήσσεται)Κλέφτης; Πρώτη φορά το ακούω. Σιγά μη δεν είχαμε και τέτοιους. Εντάξει. Υπάρχει αμοιβή για όποιον δώσει σημαντικές πληροφορίες ή θα ρισκάρω την εύρυθμη λειτουργία του ασανσέρ χάνοντας την ασήμαντη ζωούλα μου;

ΑΣΤΥΝΟΜΙΚΟΣ

Πάψε και συνεργάσου. Και τα μάτια σου τέσσερα. Όβερ.

(πατάει το κουμπί και το ασανσέρ συνεχίζει να λειτουργεί και ανοίγει η πόρτα. Ο ΑΣΤΥΝΟΜΙΚΟΣ βγαίνει._

TOM
(προς το κοινό)

Είχα έναν αστυνομικό στη γειτονιά μου που κυκλοφορούσε με μια Βέσπα. Κάθε τόσο χάλαγε και δεν έπαιρνε εμπρός με τίποτα. Τότε γύριζε και όποιο παιδί έβλεπε του φώναζε να τον σπρώξει για να πάρει. Μια φορά, μπερδεύω τα πόδια μου και τσακίζομαι πίσω από το μηχανάκι. Ούτε ο μπάτσος γύρισε να με σηκώσει ή έστω να ρωτήσει πώς είμαι, και τις έφαγα και στο σπίτι που γύρισα σε κακό χάλι. Από τότε κατάλαβα ότι το να βοηθάς έναν μπάτσο, δεν σημαίνει ότι λιγοστεύουν οι μπελάδες σου.

(17ος όροφος. Ανοίγει η πόρτα. Μπαίνει ένας τύπος εμφανώς καταρρακωμένος. Δεν μιλάει)

TOM

Σε ποιον όροφο πάτε, κύριε;

ΑΓΝΩΣΤΟΣ
(ξεφυσάει...)

Πάνω, κάτω,… δεν έχει σημασία πια…

TOM

Συγνώμη, αλλά λόγω δουλειάς δίνω σημασία σ αυτή τη λεπτομέρεια.

ΑΓΝΩΣΤΟΣ
(ξεφυσάει)
Στον πιο ψηλό όροφο που έχετε…

ΤΟΜ
30ος δηλ. στο καφέ. Θα απολαύσετε τον καφέ σας ή το ποτό
σας απ' την υπέροχη βεράντα. Πάντως, καλύτερη θέα έχει
μόνο στην ταράτσα, αλλά εκεί επιτρέπεται μόνο το
αφεντικό και ελάχιστοι άλλοι…
(Χαμογελάει μόνος του)

ΑΓΝΩΣΤΟΣ
Αδιαφορώ για τη θέα. Έχω πάρει τις αποφάσεις μου…

ΤΟΜ
Καλά κάνετε. Να έχετε αποφασίσει νωρίτερα τι θα πάρετε
γιατί εκεί πάνω κόβουν κεφάλια με τις τιμές που έχουν… μα
δε σας βλέπω και πολύ καλά… μήπως χρειάζεστε κάτι; Στο
ισόγειο υπάρχει και γιατρός του καταστήματος. Θέλετε να
κατέβουμε;

(Ανοίγει η πόρτα. Βγαίνοντας χωρίς να κοιτάει τον ΤΟΜ..)

ΑΓΝΩΣΤΟΣ
Δε χρειάζεται… θα κατέβω από άλλο δρόμο.

ΤΟΜ
(Με απορία)
Μάλιστα..

(κλείνει η πόρτα. Ο Τομ συνειδητοποιεί ότι ο άγνωστος
μάλλον σκεφτόταν την αυτοκτονία. Καλεί το τηλέφωνο
ανάγκης. Την ίδια στιγμή μπαίνουν δυο κυρίες με το
σκυλάκι τους. Αποφασίζει να μιλήσει συνθηματικά για να
μην τις τρομάξει.)

ΤΟΜ
Τηλεφωνικό κέντρο ακούει;

ΑΝΝΑ
Ναι, Τομ.

ΤΟΜ
Ειδοποιήστε παρακαλώ στο καφέ του 30ου, ότι ένας κύριος με
(Καφέ καπαρντίνα, γύρω στο 1.80, καστανός) μάλλον λέω…
δεν ανέβηκε για καφέ εκεί. Ούτε για τη θέα…

ΑΝΝΑ
Τι λες;

TOM

Εννοώ ότι βιάζεται να κατέβει..και όχι με τις κλασικές
μεθόδους... καλά άστο... ενημέρωσε επειγόντως να τον
σταματήσουν... (Προσπαθεί να την κινητοποιήσει) πες για
κλοπή... κάλεσε έναν της ασφάλειας αφού δεν καταλαβαίνεις
(χαμηλότονα) ηλίθια...

KYPIA 1
(Ανήσυχη)
Συμβαίνει κάτι;

TOM

Όχι, κυρία μου. Τίποτα ανησυχητικό. Πρόκειται για ...άσκηση
ρουτίνας. Μια δυο φορές τη μέρα δημιουργούμε κάποια
συμβάντα για λόγους εκπαίδευσης. Πού πάτε, παρακαλώ;

KYPIA 2
Στον 2°. Εσώρουχα και είδη προικός. Ξέρετε παντρεύομαι...

TOM

Είστε τυχερή. Αυτή τη βδομάδα έχουν προσφορές για την
τρίτη ηλικία.

KYPIA 2
Α, να χαθείς, βλάκα.

TOM
[Όταν πατάει το κουμπί στάσης παγώνουν οι υπόλοιποι
χαρακτήρες. ΣΤΟΠ]

...αυτός που ετοιμάζεται να πηδήξει από τον 30° όροφο και
αυτή που ετοιμάζεται να παντρευτεί ψάχνουν να βρουν την
ευτυχία και τη γαλήνη με διαφορετικό τρόπο. Δεν ξέρω
ποιος έχει περισσότερες πιθανότητες. Ποιος θα το μάθει
πιο σύντομα ξέρω.- εκτός αν τον πρόλαβαν-. Το να
αυτοκτονεί κάποιος, είναι λύση για όλους τους άλλους,
εκτός για τον εαυτό του. Έχει γίνει τόσο απάνθρωπη η
κοινωνία μας, που τέτοιες πράξεις φαίνονται πια στα μάτια
μας..κάτι σαν απολέπιση. Αποβάλλονται τα νεκρά κύτταρα
και έτσι λάμπουν καλύτερα τα ζωντανά. Η κυρία... επέλεξε
τον αργό δρόμο. Αυτή είναι πιο πολύ ερωτευμένη με το
σόπινγκ, παρά με το σύντροφό της. Πού το ξέρω; Όχι, δεν
είμαι μάντης. Είμαι ένας κουτσομπόλης, σκληρός και
μισάνθρωπος όπως πολλοί από εσάς, και λόγω της θέσης μου
τις μυρίζομαι κάτι τέτοιες. Έχουν ένα κοινό
χαρακτηριστικό. Δεν έρχονται εδώ για να ψωνίσουν ό,τι
νομίζουν ότι τους χρειάζεται. Έρχονται για να πουν ότι
ήρθαν. Ότι έχουν γίνει αποδεκτές και κέρδισαν το δικαίωμα
της οικογενειακής ζωής, κοινωνικής αναγνώρισης, κτλ. Πάω
στοίχημα ότι θα πάνε και κομμωτήριο πριν φύγουν.

[Πατάει το ΣΤΑΡΤ και ενεργοποιούνται οι χαρακτήρες]

Με συγχωρείτε. Το κομμωτήριο είναι στο ισόγειο αν σας ενδιαφέρει.

ΚΥΡΙΑ 2
Είχαμε σκοπό να το επισκεφτούμε. Ελπίζουμε να έχουν πιο ευγενείς υπαλλήλους εκεί.

(2^{ος} όροφος. Οι κυρίες βγαίνουν. Μπαίνει μια κοπέλα ΑΜΕΑ.Η ΜΑΙΡΗ, ένας ΤΡΑΠΕΖΙΤΗΣ, ένας έγχρωμος ΓΙΑΤΡΟΣ, ο ΦΡΑΝΖ, μια ΔΗΜΟΣΙΑ ΥΠΑΛΛΗΛΟΣ, κι ένας ΔΙΚΗΓΟΡΟΣ. Όλοι λένε τον όροφο που θέλουν. Καθώς ανεβαίνουν, γίνεται διακοπή ρεύματος. Όλοι βγαίνουν από το αδιάφορο ύφος τους και αρχίζουν να ανησυχούν.)

ΤΟΜ
Παρακαλώ, μην ανησυχείτε. Ψυχραιμία. Μια μικρή διακοπή ρεύματος μόνο. Δεν μπορούμε να βγούμε προς το παρόν, αλλά υπάρχει φωτισμός έκτακτης ανάγκης και το τηλ. Ασφαλείας.

ΦΡΑΝΖ
(Εκνευρισμένος)
Να τον χέσω τον φωτισμό ανάγκης. Είσαστε υποχρεωμένοι να έχετε πάρει μέτρα για τέτοιες περιπτώσεις. Θα σας κάνω μήνυση αν δεν έχει ξεκινήσει το ασανσέρ μέσα στο επόμενο λεπτό.

ΔΙΚΗΓΟΡΟΣ
Είμαι δικηγόρος, αγαπητέ. Συμφωνώ και συμμερίζομαι τις ανησυχίες σας. Μπορώ να αναλάβω την υπόθεση, και επειδή είμαι και παρών σ αυτό το αδικαιολόγητο συμβάν, θα έχω άποψη από πρώτο χέρι. Έχω σημαντικό ραντεβού στο ΚΑΦΕ του καταστήματος και αν δεν είμαι στην ώρα μου, θα έχω ισχυρή οικονομική ζημιά.

ΜΑΙΡΗ
(Ειρωνικά)
Σε καφέ πολυκαταστημάτων κάνετε ραντεβού για τα τόσο σημαντικά θέματα σας, κύριε δικηγόρε της πλάκας;

ΔΙΚΗΓΟΡΟΣ
Δεσποινίς μου, αν δεν σεβόμουν την κατάστασή σας, θα σας απαντούσα καταλλήλως.

ΜΑΙΡΗ

Όλοι είμαστε στην ίδια κατάσταση. Μείναμε, λόγω διακοπής
ρεύματος, μέσα στο ασανσέρ. Συμβαίνουν αυτά. Κάποιοι όμως
θέλουν να το εκμεταλλευτούν απ' ότι φαίνεται. Εκτός αν –
κατάστασή μου- εννοείτε ότι δεν μπορώ να σταθώ στα πόδια
μου. Αυτό όμως δεν σημαίνει ότι μπορείτε να μιλάτε
προσβλητικά.

ΤΟΜ
(Συμβιβαστικός)

Δεσποινίς, δεν πειράζει. Αφήστε θα εξηγήσω εγώ στον
κύριο. Όλοι είναι βιαστικοί και θέλουν να πηγαίνουν εκεί
που θέλουν όσο πιο γρήγορα γίνεται.

ΦΡΑΝΖ

Εμένα δε με νοιάζει αν στέκεσαι ή όχι στα πόδια σου. Ότι
έχω να πω, θα το πω. Χέστηκα για το τι θεωρείτε προσβολή
και τι όχι. Απαιτώ να δουλεύουν όλα ρολόι όταν μπαίνω σε
ένα δημόσιο χώρο. Αυτός που έχει την ευθύνη θα με
αποζημιώσει 100%.

ΓΙΑΤΡΟΣ

Ηρεμήστε. Θα πάθετε τίποτα και θα γίνει πιο δύσκολη η
κατάσταση εδώ μέσα.

ΦΡΑΝΖ
(Όσο πάει και φουντώνει)

Εσύ, αράπη, βούλωστο γιατί εσύ είσαι αυτός που
χειροτερεύει την παραμονή μας εδώ μέσα. Ή νομίζεις ότι η
μπόχα σου δεν έχει γίνει αντιληπτή;

ΓΙΑΤΡΟΣ

Η μπόχα της γλώσσας είναι αυτή που υπερισχύει εδώ μέσα.
Νομίζω ότι δεν μπορείς να χάσεις τα πρωτεία σ' αυτόν τον
τομέα...

(Ο ΦΡΑΝΖ αιφνιδιαστικά ορμάει στον μαύρο για να τον
χτυπήσει μ' ένα σουγιά που βγάζει ξαφνικά απ' το μπουφάν
του. Ο ΤΟΜ πατάει ΣΤΟΠ και μιλάει στο κοινό)

ΤΟΜ

Πάτησα ΣΤΟΠ όχι γιατί μπορώ να τον σταματήσω, αλλά
για να προλάβουμε να σκεφτούμε. Αυτό το αιώνιο
δευτερόλεπτο. Όπου ποτέ δεν φτάνει, αλλά και πάντα είναι
αρκετό για να κάνουμε τα καλύτερα αλλά και τα χειρότερα.
Άλλοι το λένε «κακιά στιγμή», άλλοι «η ώρα η καλή».
Ανάλογα τι προσδοκία έχουμε ή τι νομίζουμε για κάθε
συμβάν. Λένε ότι είμαστε φτιαγμένοι από πηλό. Οι
πνευματικοί ηγέτες μας. Άλλοι λένε ότι είμαστε φτιαγμένοι
από νερό 90%
(Δεν είναι σίγουρος)

[10]

[θα το κοιτάξω μετά] – οι επιστήμονες. Άλλοι από κρέας και κόκκαλα – οι εντελώς κυνικοί. [ούτε εγώ τους πάω αυτούς]. Τι λέω εγώ; Ότι είμαστε φτιαγμένοι από ζυμάρι. Αλευράκι και νεράκι και όπως όλα τα αλεύρια έχουν ποιότητες, έτσι και εμείς. Πολύσπορα, λευκά, καλαμποκάλευρα, ολικής, βιολογικά, κλπ. Παίρνουμε ότι σχήμα και γεύση χρειάζεται κάθε στιγμή. Είμαστε δηλ. ευμετάβλητοι. Ανάλογα το συμφέρον δηλ. Το δικό μου ζυμάρι… ας το πω ξινό. Δεν τρώγομαι και με πολύ όρεξη. Ίσως γιατί δεν παίρνω και ελκυστικό σχήμα για να με προτιμήσει κάποιος…
Αλλά ας αφήσω τη ζωή να συνεχιστεί…

(πατάει το ΣΤΑΡΤ. Ο ΦΡΑΝΖ συνεχίζει την κίνησή του και με σκοπό να μαχαιρώσει τον μαύρο. Η ΜΑΙΡΗ προχωράει ξαφνικά το καροτσάκι μπροστά. Ο ΦΡΑΝΖ μπερδεύεται, πέφτει και τραυματίζεται μόνος του στο χέρι, από τη δικιά του λεπίδα)

TOM
[ΣΤΟΠ]
Αυτό, δεν το περίμενα. Η ζωή έχει μεγαλύτερη φαντασία ακόμα και από τον πιο τρελό συγγραφέα.

(κοιτάζει ψηλά προς ένα φανταστικό συγγραφέα)
[ΣΤΑΡΤ]

ΦΡΑΝΖ

(ουρλιάζει από τον πόνο και μένει στο πάτωμα βρίζοντας)

TOM
Σε πήρε καλά, αλλά μάλλον θα ζήσεις.

ΜΑΙΡΗ
Σιγά μην έχανε, η Βενετιά, βελόνι. Μόλις γίνει καλά, θα την πέσει σε άλλον.
ΓΙΑΤΡΟΣ
Μόνο που δεν ξέρω αν θα βρεθεί άλλος με τα κότσια σου να τον σταματήσει. Σ ευχαριστώ.

ΜΑΙΡΗ
Όταν μου επιτέθηκαν εμένα κάποτε, δεν βρέθηκε κάποιος να τον σταματήσει. Όταν έπεσα, χτύπησα άσχημα στην σπονδυλική στήλη. Τα πόδια μου σταμάτησαν να με ακούνε. Το μυαλό μου όμως, ευτυχώς, αναπνέει ακόμα. Μακάρι να έμπαινε και στη δική του σπονδυλική το μαχαίρι, του πούστη.

ΓΙΑΤΡΟΣ
(ανοίγει ένα τσαντάκι με τα ιατρικά.)

Άσε με να σε δέσω. Είμαι γιατρός.

ΦΡΑΝΖ
(τινάζεται)

Δεν δέχομαι να με αγγίζουν αράπηδες.

ΓΙΑΤΡΟΣ
Τότε, δεν ξέρω αν θα προλάβεις να πας στον όροφο που θες ή πολύ παραπάνω. Αν και το παρακάτω δεν είναι απίθανο. Φαντάζομαι ότι το μητρώο σου συμφωνεί με το χρώμα του δέρματος μου. Τελείωνε λοιπόν, λευκό πρόσωπο.

(του δένει το τραύμα)

ΤΟΜ
Κοπέλα μου, πώς σε λένε;

ΜΑΙΡΗ
Μαίρη.

ΤΟΜ
Που λες, Μαίρη, ίσως χρειαστούμε κάποιον που να το λέει η καρδούλα του. Τα άτομα ασφαλείας που έχουμε είναι μόνο για να δοκιμάζουν μαξιλάρια στον 3°. Θα σου ζητούσα ραντεβού αν ήμουν λίγο πιο εμφανίσιμος. Νιώθω ασφαλής μαζί σου.

ΜΑΙΡΗ
Ζήτα το αν το θες.

ΤΟΜ
Θα ήθελα, κάτω από καλύτερες συνθήκες…

ΜΑΙΡΗ
Εντάξει…

ΤΟΜ
(Παίρνει το τηλ. Ανάγκης. Δεν λειτουργεί)

[12]

ΔΗΜΟΣΙΟΣ ΥΠ.

Πόσο θα κρατήσει αυτό το βάσανο; Το έσκασα από το
υπουργείο απέναντι για κάτι επείγοντα ψώνια και όπου
να'ναι θα γυρίσει ο προϊστάμενος.

ΤΡΑΠΕΖΙΤΗΣ

Αγαπητέ μου, τα ψώνια εν ώρα υπηρεσίας –κοπάνα– μπορεί να
σου κοστίσουν πολύ ακριβά.

ΤΟΜ

Πάντως, όχι τη δουλειά του. Μη φοβάσαι, φίλε μου. Λίγη
κατσάδα και τέλος. Ε, πάρτε του και ένα δωράκι από το
κατάστημά μας και πού ξέρετε; Ίσως γίνετε υποψήφιος και
για προαγωγή.

ΔΗΜΟΣΙΟΣ ΥΠ.

Λέτε;

ΤΟΜ

Στο ισόγειο έχουν κάτι φανταστικά κομπολόγια. Ακριβά,
αλλά σε μαγεύουν μόλις τα αγγίξεις. Έχετε ακούσει
φαντάζομαι για τις θεραπευτικές ιδιότητες που έχουν
κάποια από αυτά.

ΔΗΜΟΣΙΟΣ ΥΠ.

Θα πάω να πάρω. Μεθαύριο είναι και η εορταστική του.
Ευκαιρία!!

ΤΟΜ
[ΣΤΟΠ]

Είναι απίστευτο τι ανθρώπους συναντώ εδώ μέσα. Μπορούν να
πιστέψουν και το μεγαλύτερο ψέμα, όπως επίσης να μη
βλέπουν την αλήθεια, ακόμα κι αν είναι μπροστά στα μάτια
τους. Βλέπετε, τα τεράστια πολυκαταστήματα είναι κι αυτά
μια μικρογραφία της ζωής. Κάθε πράγμα έχει την τιμή του.
Όμως οι άνθρωποι αυτό που αγοράζουν–συνήθως– δεν είναι το
αντικείμενο αλλά ένα κομμάτι αποδοχής. Άλλοι το λένε
«μόδα». Αγοράζουν μια υπόσχεση από έναν πωλητή που για
λίγα λεπτά γίνεται φίλος και σε συμβουλεύει. Αγοράζουν
λίγη προσοχή από έναν άγνωστο γνωστό. Την προσοχή που
πραγματικά τους λείπει απ'την υπόλοιπη ζωή τους, και σε
πολύ καλή τιμή επιπλέον.

(ΣΤΑΡΤ. Έρχεται το ρεύμα. Όλοι ανακουφίζονται. Ακούγονται
«επιτέλους», «Δόξα το θεό», κλπ. Βγαίνουν όλοι. Ο
χτυπημένος βοηθιέται από άλλον λευκό.)

MAIPH

Χάρηκα για την γνωριμία. Τελικά μερικές διακοπές ρεύματος
φέρνουν τους ανθρώπους πιο κοντά ε..
(χαμογελάει).

TOM

Η χαρά ήταν δική μου, δεσποινίς. Ίσως φανεί παράξενο το
αστείο που θα πω, αλλά είναι αλήθεια. Τα δικά σας κότσια
αν και δεν σας υπακούν φάνηκαν πιο γενναία από όλων εμάς
των υπολοίπων που τα ελέγχουμε ακόμα. Εύχομαι να κάνετε
πραγματικότητα ό,τι όνειρο θέλετε.

MAIPH

Δεν κάνω μεγάλα όνειρα γιατί την πατάω συχνά. Πού και πού
κανένα μικρό μόνο.

TOM

Όπως;

MAIPH

Χμ… ας πούμε να κάθομαι σε μια παραλία με άμμο, βράδυ
φεγγάρι, κοκτέιλ, μουσική, και να σκέφτομαι τα μεγάλα
όνειρα που δεν πρόκειται να ζήσω… εσύ;

TOM

Εγώ τι;

MAIPH

Εσύ, τι ονειρεύεσαι;

TOM

Βασικά το πρώτο που ονειρεύομαι είναι να βρω το
ανοιχτήρι.

MAIPH

Ανοιχτήρι;

TOM

Κοίτα… κλεισμένος εδώ μέσα από το πρωί ως το βράδυ, δεν
είναι δύσκολο να αρχίσεις να νιώθεις σαν σαρδέλα στην
κονσέρβα. Ονειρεύομαι λοιπόν το ανοιχτήρι που θα με
βοηθήσει να την ανοίξω και να το σκάσω.

MAIPH

Εύχομαι να το βρεις, Τομ.

TOM

Να σου δώσω μια αγκαλιά; Ή δεν θες να βρωμάς σαρδελίλα;

MAIPH

Δεν ακουμπάω ψάρια. Τα αποφεύγω. Φοβάμαι τα κόκαλα. Αλλά
δεν νομίζω ότι εσύ θα μου σταθείς στο λαιμό. Όσο για τη
βρώμα… νομίζω ότι είσαι επαρκώς φρέσκος στο μυαλό. Οπότε,
γιατί όχι;
(την αγκαλιάζει.)
{το ηχείο φτιάχνει προς στιγμήν και παίζει μουσική}

[14]

<u>Σκηνή 2</u>

(ΑΦΕΝΤΙΚΟ. Ψηλά στον γραφείο του. Μιλάει στο τηλέφωνο)

ΑΦΕΝΤΙΚΟ

Να του το πεις. Να πάει να πνιγεί και να τον φάνε οι
σαρδέλες… ακούς; Τι;… Γιατί δεν του το λέω εγώ;… και σένα
γιατί σε πληρώνω, ρε άχρηστε; Η δουλειά σου είναι να
εκνευρίζεσαι εσύ στη θέση μου και να λύνεις τα προβλήματα
που μπορούν να με εκνευρίσουν. Αν θες να είσαι ήρεμος να
μου το πεις να σε απολύσω. Το μόνο που θα σε εκνευρίζει
μετά είναι η ουρά στο ταμείο ανεργίας.

(το κλείνει και κοιτάει το κοινό)

Ξέρω τι σκέφτεστε. Με θεωρείτε αντιπαθητικό, αλαζόνα,
τομάρι, και , και, … έχω απάντηση για όλα αυτά. Σας έχω
γραμμένους τι με θεωρείτε. Αυτή η θέση εδώ που κάθομαι,
αυτή η θέα από τούτο το γραφείο που αντικρίζω κάθε μέρα,
τούτο το κουστούμι με το φίνο ράψιμο που μου έφτιαξε ο
προσωπικός ιταλός ράφτης μου, το κουτί με τα ακριβά πούρα
μου, ολόκληρο αυτό το κτήριο, νομίζετε ότι αυτά είναι που
θεωρώ προσωπική μου επιτυχία; (γέλιο ειρωνικό)… όχι. Η
επιτυχία μου είναι ότι με όλα αυτά κατόρθωσα να κάνω εσάς
να με σέβεστε. Να με θεωρείτε πρόσωπο υψηλής θέσης. Όσο
πιο πολλά ακριβά αντικείμενα συγκεντρώνω γύρω μου, τόσο
πιο πολύ με σέβεστε και μου μιλάτε στον πληθυντικό. Και
εσείς και όλοι όσοι δουλεύουν μέσα σ' αυτόν τον
ουρανοξύστη. Και το καλύτερο ποιο είναι; Με κανένα
αντάλλαγμα… έστω σοβαρό. Τι είμαι; Κυνικός; Γι αυτό
βρίσκομαι στον πιο ψηλό όροφο…
(γελάει κοροϊδευτικά)
(σβήνει το φως στο γραφείο)

<u>Σκηνή 3</u>

(Ανάβουν τα φώτα στο χώρο του CAFE. ΔΙΚΗΓΟΡΟΣ και ΠΕΛΑΤΗΣ
συνομιλούν πάνω από τα ποτά τους)

ΔΙΚΗΓΟΡΟΣ
Μου ζητάτε κάτι πολύ δύσκολο, αγαπητέ μου, για να μην πω
ότι μου ζητάτε κάτι που δεν έχω. Ίσως χρειαστεί να
απευθυνθείτε σε κάποιον άλλο συνάδελφο. Προτείνω κάποιον
νέο στο επάγγελμα. Είναι τόσο πρόθυμοι να εφαρμόσουν αυτά
που έμαθαν στα αμφιθέατρα των πανεπιστημίων... και σχεδόν
χωρίς αμοιβή.

ΠΕΛΑΤΗΣ
Μα είστε από τα καλύτερα ονόματα στο χώρο σας. Τόσες
επιτυχίες. Σας αναφέρουν συχνά και οι εφημερίδες,
βρίσκεστε στα πάνελ όλων των καναλιών σχεδόν και
σχολιάζετε κάθε μεγάλη υπόθεση, ζητούν τη γνώμη σας.
Γιατί διστάζετε να αναλάβετε την υπόθεσή μου;

ΔΙΚΗΓΟΡΟΣ
Γιατί πρέπει να πω την αλήθεια, αγαπητέ μου. Ξέρετε τι
κόστος μπορεί να έχει αυτό για μένα; Για να μη μιλήσω για
τη φήμη μου.

ΠΕΛΑΤΗΣ
Δεν καταλαβαίνω. Σαν δικηγόρος που είστε, η δουλειά σας
δεν είναι να υπερασπίζεστε την αλήθεια;

ΔΙΚΗΓΟΡΟΣ
(χαμόγελο ειρωνικό)

Αγαπητέ μου, θα είμαι ειλικρινής μιας και βρισκόμαστε
εκτός γραφείου, και κατά δεύτερον μου προκαλείτε μια
συμπάθεια. Υποθέτω λόγω της αφέλειας που έχετε για το πού
βαδίζετε. Η δουλειά μου – μας– δεν είναι να
υπερασπιζόμαστε την αλήθεια. Τότε το πιθανότερο θα ήταν
να πεθαίναμε της πείνας. Δουλειά μας είναι να κάνουμε ένα
ψέμα όσο γίνεται πιο πιστευτό.

ΠΕΛΑΤΗΣ
Μα πώς μπορείτε και ζείτε μ' αυτόν τον τρόπο;

ΔΙΚΗΓΟΡΟΣ
Πίστεψε με, αγαπητέ μου – και σας το ζητώ όχι σαν
δικηγόρος φυσικά – όταν μου ζητάνε άνθρωποι – λάθος –
πελάτες σαν εσάς να αναλάβω μια υπόθεσή τους δεν τους
ενδιαφέρει ο τρόπος αλλά το αποτέλεσμα. Ακόμα κι αν κάνω
χειραψία με το διάολο. Αν σας αθωώσω προσφέροντας στο
δικαστήριο ένα ωραίο ψέμα, δε θα σας ενοχλήσει καθόλου.
Αν η απόφαση βγει εις βάρος σας, όσες αλήθειες κι αν

[16]

πούμε, θα αλλάξετε συνήγορο την επόμενη στιγμή ώστε να πάτε σε έφεση όπου θα αναζητήσετε διέξοδο στην πρώτη περίπτωση που σας είπα. Άρα ένας τρόπος υπάρχει. Να παραστήσετε εσείς τον αδικημένο όσο καλύτερα μπορείτε και εγώ τον υπερασπιστή του νόμου.

ΠΕΛΑΤΗΣ

Μα εγώ έχω δίκιο στην υπόθεσή μου.

ΔΙΚΗΓΟΡΟΣ

Φυσικά... και ο Χριστός επίσης είχε. Γι αυτό ορκιζόμαστε στο ευαγγέλιο όλοι μας στην αίθουσα του δικαστηρίου. Και εμείς επίσης, παίρνοντας το πτυχίο. Για να μην ξεχνάμε, ότι αν έπεσε ολόκληρος Χριστός θύμα δικαστικής πλάνης, να μην έχουμε πολλές απαιτήσεις εμείς οι απλοί άνθρωποι. Άσε που δεν μιλάμε πια για 30 αργύρια μόνο.

(Φώτα)

Σκηνή 4
(σε άλλο σημείο του καταστήματος. ΠΩΛΗΤΗΣ – ΠΕΛΑΤΗΣ (ΣΕΡ)

ΠΩΛΗΤΗΣ
Δηλ. τι ακριβώς προτιμάτε; Ένα λευκό πουκάμισο με μπλε ρίγες ή ένα μπλε πουκάμισο με άσπρες ρίγες;

ΣΕΡ
Αρχικώς προτιμώ ένα πουκάμισο που να με χωράει...

Σκηνή 5
(Στο γραφείο του ΑΦΕΝΤΙΚΟΥ. Μιλάει στο τηλέφωνο)

ΑΦΕΝΤΙΚΟ
Δεν με ενδιαφέρει αν δεν χωράς πια. Τι; Δεν βολεύει την κόρη μας; Αν δεν σας αρέσει, να αγοράσεις άλλο αυτοκίνητο με δικά σου λεφτά. Αλλιώς να αδυνατήσεις. Δε θα μου σπάσεις τα νεύρα...

Σκηνή 6
(Ταράτσα. ΚΗΠΟΥΡΟΣ - ΗΛΕΚΤΡΟΛΟΓΟΣ)

ΗΛΕΚΤΡΟΛΟΓΟΣ
(Φαίνεται να αλλάζει κάποιο λαμπτήρα)

Πώς γίνεται και τα σπάνε όλα, δεν μπορώ να καταλάβω. Κάθε βδομάδα αλλάζω όλες τις λάμπες της ταράτσας...

ΚΗΠΟΥΡΟΣ
(ποτίζει τις γλάστρες και ζαρντινιέρες).

Βασικά, υποτίθεται ότι μόνο το αφεντικό ανεβαίνει εδώ πάνω. Όλοι όμως έρχονται όταν λείπει. Για τσιγάρο και κανένα σφηνάκι, μπυρόνι, τέτοια... και θέλουν σκοτάδι μάλλον.

ΗΛΕΚΤΡΟΛΟΓΟΣ
Σφηνάκι;.. πού τα βρίσκουν;

ΚΗΠΟΥΡΟΣ
Τα κρύβουν σε διάφορες μεριές, εδώ γύρω, για να έχουν όταν το σκάνε από το πόστο τους. Στους σκουπιδοτενεκέδες, πίσω από γλάστρες, όπου τύχει.

(βγάζει ταυτόχρονα μια βότκα κρυμμένη)

Σε τρύπες στους τοίχους... έχω ακούσει ότι πρόκειται να γίνει και ένα πάρτι μόλις φύγει το αφεντικό ταξίδι για δουλειές. Ξέρεις... λείπει ο γάτος...

ΗΛΕΚΤΡΟΛΟΓΟΣ
Μη με καλέσετε. Αν το μάθει, δε θέλω να είμαι στη λίστα των απολυμένων. Τώρα έπιασα δουλειά ύστερα από 6 μήνες. Δε θα τη χάσω για ένα μοχίτο.

ΚΗΠΟΥΡΟΣ
Μόνος σου ζεις ή...

ΗΛΕΚΤΡΟΛΟΓΟΣ
Ήμουν με κάποια αλλά... κάηκε η ασφάλεια... έπεσε ο γενικός... πώς το λένε... χάλασε.

ΚΗΠΟΥΡΟΣ
Κατάλαβα... έπιασες γυμνό καλώδιο...

Σκηνή 7

(σε άλλο σημείο. ΚΛΕΦΤΡΟΝΙ έχει μπει να κρυφτεί σε ένα δοκιμαστήριο γυναικών. Μέσα είναι ήδη μια ΓΥΝΑΙΚΑ η οποία έχει ακινητοποιηθεί και παγώσει από το φόβο της. Το ΚΛΕΦΤΡΟΝΙ την πιάνει από το λαιμό.)

ΚΛΕΦΤΡΟΝΙ
Ναι, και γυμνό θα μπορούσες να δουλέψεις, δεν είσαι άσχημη. Φωτογραφήσεις… ξέρεις.

ΓΥΝΑΙΚΑ
Αν δεν φύγεις, θα φωνάξω. Η πωλήτρια τριγυρνάει απ' έξω. Δε σε είδε όταν μπήκες, αλλά όταν βγεις δε γλυτώνεις.

ΚΛΕΦΤΡΟΝΙ
Πώς θα φωνάξεις .. με στραγγαλισμένο λαιμό; Το έχεις δει πουθενά να γίνεται αυτό; Σε καμιά ταινία; Κάμερες δεν υπάρχουν. Γιατί νόμισες ότι διάλεξα να χτυπήσω εδώ; Το παλιό στυλ που θέλουν να κρατήσουν ευνοεί το δικό μου…

(Γελάει. Ανοίγει την τσάντα της και το πορτοφόλι της. Παίρνει τα λεφτά και βρίσκει και την ταυτότητά της όπου βλέπει και τα στοιχεία της)

ΚΛΕΦΤΡΟΝΙ
Χμ… τώρα ξέρω και πώς λέγεσαι και πού μένεις επίσης. Μπορώ να σε βρω, και σένα και όποιον άλλον μένει εκεί. Και θα ανταποδώσω το «καλό» που θα μου κάνεις αν φωνάξεις.

ΓΥΝΑΙΚΑ
(φοβισμένη)
Τι εννοείς;

ΚΛΕΦΤΡΟΝΙ
Εννοώ ότι δεν χρειάζεται να κουράζω το χέρι μου πια…
(την αφήνει)
γιατί εννόησες και εσύ τι μπορεί να συμβεί μέσα στη φωλίτσα σου. Ακόμα και να με πιάσουν, θα βγω κάποια στιγμή. Το μόνο που θέλω είναι να κρυφτώ και να βγω από αυτό το κωλοκτήριο πριν με βρουν. Ήδη με ψάχνουν. Μη δοκιμάσεις, λοιπόν, να ανακαλύψεις τα όρια μου.

ΓΥΝΑΙΚΑ
Αργά ή γρήγορα θα σε βρουν. Είτε εδώ είτε αλλού. Σταμάτησέ το όσο είσαι ζωντανός. Αν με αφήσεις να φύγω δε θα πω τίποτα. Και εγώ το μόνο που θέλω είναι να γυρίσω σπίτι μου.

[20]

ΚΛΕΦΤΡΟΝΙ
(Γελάει)
...βλέπεις πολλές ταινίες απ ότι φαίνεται. Μόνο που εδώ δεν υπάρχουν κάμερες, ούτε σκηνοθέτης. Το μόνο αληθινό είναι τι θα συμβεί αν κάνεις την κουταμάρα και φωνάξεις.

ΓΥΝΑΙΚΑ
Και ότι θα σε πιάσουν αργά ή γρήγορα είναι αληθινό.

(Ανοίγει την τσάντα της και ψάχνει)

Κοίτα, έχω εδώ ένα μπλοκ επιταγών. Μπορώ να σου δώσω ένα καλό ποσό για να μην ξανασχοληθείς μαζί μου... να βρω και το στυλό μου... μισό λεπτό...

(Βγάζει πρώτα ένα μπλοκ και μετά ένα στυλό. Τον αιφνιδιάζει και ξαφνικά του το χώνει στην κοιλιά. Αυτός πέφτει και κοιτάζει έκπληκτος, μην πιστεύοντας ότι από θύτης έγινε θύμα ξαφνικά)

... αυτή είναι η αμοιβή σου... κόπανε.

<u>Σκηνή 8</u>

(Φώτα ανάβουν σε άλλο σημείο. Τμήμα παιχνιδιών. ΜΗΤΕΡΑ
συνοδεύει το κοριτσάκι της. Είναι κωφάλαλο. Πωλήτρια
ονόματι ΝΕΜΙΑ.   Οι διάλογοι γίνονται στη νοηματική από
κάποιο σημείο και μετά, και ταυτόχρονα οι ενήλικες λένε
και τα λόγια κανονικά.)

ΜΗΤΕΡΑ
Θέλαμε κάτι για δώρο. Είμαστε καλεσμένοι σε πάρτι και
θέλουμε να χαρίσουμε ένα ωραίο δώρο στη φίλη της Σάρας.
(αυτά κανονικά στην πωλήτρια).

ΝΕΜΙΑ
(Κοιτάζει τη Σάρα με στοργή)

Έχει σκεφτεί κάτι η καλή μας Σάρα;

ΜΗΤΕΡΑ
(Σκοτεινιάζει το βλέμμα της)

Ξέρετε… αντιμετωπίζει πρόβλημα η Σάρα μου. Είναι
κωφάλαλη. Τη στέλνω ήδη σε ειδικό σχολείο. Έχει αρχίσει
και μαθαίνει τη νοηματική. Δυσκολεύεται αλλά σιγά σιγά θα
μάθει. Και εγώ παρακολουθώ μαθήματα αλλά θέλω δουλειά
ακόμα. Θα μιλήσουμε εμείς και θα της δείξουμε διάφορα
δώρα που ίσως της αρέσουν.

(συγκινείται)
… με συγχωρείτε… με πιάνει κάτι όταν βρίσκομαι σε τέτοια
θέση… καταλαβαίνετε… όταν έρχεται η στιγμή που το παιδί
δεν μπορεί να έχει μια φυσιολογική επικοινωνία με κάποιον
τρίτο και εγώ πρέπει να εξηγήσω…

ΝΕΜΙΑ
(Καθησυχαστική)

Σας καταλαβαίνω. Όμως δεν χρειάζεται να στενοχωριέστε
αυτή τη στιγμή. Θα συνεννοηθώ εγώ με τη μικρή.

ΜΗΤΕΡΑ
Μα πώς; Χρειάζεται να …

(η ΝΕΜΙΑ γονατίζει και αρχίζει να μιλάει στη νοηματική με
το κορίτσι)

ΝΕΜΙΑ
Γεια σου. Με λένε Νέμια. εσένα;

ΣΑΡΑ

Σάρα.

ΝΕΜΙΑ

Είσαι πολύ όμορφη, Σάρα. Έμαθα ότι θα πας σε πάρτι
γενεθλίων.

ΣΑΡΑ

Ναι. Θέλω να πάρω ένα δώρο στη φίλη μου.

ΝΕΜΙΑ

Έχεις σκεφτεί κάτι ή θέλεις να σε βοηθήσω;

ΣΑΡΑ

Δεν ξέρω. Ίσως ένα αρκουδάκι, ή μια κούκλα, ή ένα βιβλίο
με εικόνες από διάφορα μέρη του κόσμου. Της αρέσουν τα
ταξίδια.

ΝΕΜΙΑ

Εσένα σου αρέσουν;

ΣΑΡΑ

Ναι... αλλά δεν θέλω να πάω.

ΝΕΜΙΑ

Γιατί; Φοβάσαι τα αεροπλάνα;

ΣΑΡΑ

Όχι. Φοβάμαι τους ανθρώπους. Με κοιτάνε παράξενα.

ΝΕΜΙΑ

Δεν υπάρχει λόγος να φοβάσαι. Ίσως σου φαίνεται έτσι
επειδή μιλάς με διαφορετικό τρόπο. Κάποιοι άνθρωποι δεν
είναι όμως αρκετά έξυπνοι για να το καταλάβουν. Εσύ όμως
είσαι πολύ έξυπνη γιατί έχεις καταφέρει να επικοινωνείς
με το δύσκολο τρόπο. Και σου αξίζει ένα μεγάλο μπράβο.

(ψάχνει πίσω τα ράφια)
... τι λες λοιπόν... για αυτό το αρκουδάκι; Ή αυτό το βιβλίο
με εικόνες από όλα τα όμορφα μέρη του κόσμου;

(της δίνει και τα δυο και όσο αυτή τα περιεργάζεται η
ΜΗΤΕΡΑ συζητά με τη ΝΕΜΙΑ)

ΜΗΤΕΡΑ

Σας ευχαριστώ. Δεν περίμενα ότι θα συναντούσα κάποιον εδώ
που θα μπορούσε να πλησιάσει έτσι το κοριτσάκι μου. Μας
πώς ξέρετε να μιλάτε στη νοηματική;

ΝΕΜΙΑ

Η γιαγιά μου είχε το ίδιο πρόβλημα με την κορούλα σας. Με πρόσεχε όλη τη μέρα όταν ήμουν μικρή. Ουσιαστικά αυτή με μεγάλωσε. Οι γονείς μου έλειπαν όλη τη μέρα στις δουλειές τους για να μπορούμε να τα βγάλουμε πέρα. Την αγαπούσα πολύ και παρόλο που ήταν κωφάλαλη έμαθα πολλά από αυτή. Πράγματα που δεν άκουσα ποτέ από ανθρώπους που είχαν το προνόμιο της ομιλίας και της ακοής. Το κυριότερο, ότι δεν είναι απαραίτητο να μιλάς και να ακούς για να μπορείς να επικοινωνείς με τους άλλους. Είναι όμως απαραίτητο να αισθάνεσαι. Δεν έχει καμιά αξία το να ακούγεται η φωνή σου αν η καρδιά σου δεν μπορεί να μιλήσει, έλεγε.

ΜΗΤΕΡΑ

Δίκιο είχε. Θα είναι περήφανη για σένα όπου κι αν βρίσκεται. Και τυχερή που σε είχε εγγονή.

ΝΕΜΙΑ

Όχι και τόσο τυχερή όμως στα τελευταία της. Τη χτύπησε αυτοκίνητο. Αν και όλοι είδανε ότι έγινε σκόπιμα. Ίσως φταίει το χρώμα της περισσότερο και λιγότερο η αδυναμία της να ακούσει ένα αυτοκίνητο που ορμάει καταπάνω της σαν ρινόκερος. Ο πατέρας μου ήταν σημαντικό πρόσωπο στη κοινότητα μας και ενοχλούσε πολύ κάποιους. Ειδικά όταν παντρεύτηκε μια λευκή. Στη Ν. Αφρική οι πίνακες ζωγραφίζονται ακόμα με δυο χρώματα. Λευκό και… όλα τα άλλα. Δεν υπάρχει σε κάθε γειτονιά και ένας Μαντέλα να φωνάξει.
Από έναν τέτοιο τόπο κατάγομαι λοιπόν. Τελείωσα το παιδαγωγικό στο Πανεπιστήμιο της Πρετόρια. Ήρθα για μεταπτυχιακό πάνω στις μαθησιακές δυσκολίες παιδιών και επιπλέον ειδίκευση στη νοηματική πάνω στις κυριότερες παγκόσμιες γλώσσες. Ακούγεται ζόρικο αλλά το αγαπώ. Αυτό που με δίδαξε η γιαγιά μου θα ήθελα να το μεταδώσω σε παιδιά που αντιμετωπίζουν το ίδιο πρόβλημα. Νιώθω ότι της το χρωστάω.

ΜΗΤΕΡΑ

Είναι εκπληκτικό που έφτασες μέχρι εδώ. Έδειξες μεγάλη αντοχή και αφοσίωση και νομίζω ότι θα τα καταφέρεις…

ΜΗΤΕΡΑ
(κοιτάζει το κοριτσάκι της που περιεργάζεται ακόμα τα δώρα μην έχοντας αποφασίσει ακόμα ποιο θέλει).

Θα κρατήσουμε και τα δύο. Το αρκουδάκι στη φίλη σου, και το βιβλίο με τις εικόνες για σένα. Πώς σου φαίνεται η ιδέα;

ΣΑΡΑ

Ναι…

(γυρίζει προς τη Νέμια)

Ευχαριστώ Νέμια.

ΝΕΜΙΑ

Μου επιτρέπεις να σε αγκαλιάσω;

ΣΑΡΑ

(γνέφει καταφατικά)

Θες να γίνεις δασκάλα μου;

ΝΕΜΙΑ

Ποτέ δεν ξέρεις. Ίσως μια μέρα ξανασυναντηθούμε σε κάποιο σχολείο. Υποσχέσου μου ότι θα προσπαθήσεις να μη φοβάσαι πια τους ανθρώπους. Όσο παράξενα κι αν σε κοιτάνε.

ΣΑΡΑ

(γνέφει καταφατικά. Τα φώτα πέφτουν)

(ο υποψήφιος αυτόχειρας έχει φτάσει στην ταράτσα. Κάθεται στην άκρη σε ένα τοιχίο με τα πόδια του να κρέμονται στο κενό. Βγαίνει η ΜΑΙΡΗ με το καροτσάκι της από την έξοδο της ταράτσας. Κρατάει πλαστικό με καφέ. Τον βλέπει και παραξενεύεται.)

ΜΑΙΡΗ
Καλησπέρα.

ΑΓΝΩΣΤΟΣ
(Βλέμμα σκληρό. Την κοιτάζει έντονα με κάποια έκπληξη. Απορεί με την παρουσία της αλλά γρήγορα στρέφει ξανά το βλέμμα του στο κενό. Δεν απαντάει καν.)

ΜΑΙΡΗ
Αν μου επιτρέπεις, μπορώ να μείνω και εγώ λίγο εδώ;

ΑΓΝΩΣΤΟΣ
Αν σου επιτρέπω;…
(χαμογελάει ειρωνικά)

ΜΑΙΡΗ
Ναι. Δε θέλω να σε ενοχλήσω. Για να ανέβηκες εδώ πάνω σημαίνει ότι θες την ησυχία σου. Νομίζω σε είδα στη βεράντα του CAFE πριν λίγη ώρα. Έναν όροφο πιο κάτω. Ευτυχώς που υπάρχει ράμπα για τα μηχανήματα καθαρισμού αλλιώς θα καθόμουν αναγκαστικά κάτω και θα γινόταν το κεφάλι μου καζάνι από τη βαβούρα. Πάλι τον ορίζοντα κοιτούσες. Στενοχώριες ε;

ΑΓΝΩΣΤΟΣ
Δεν μας παρατάς λέω εγώ;…

ΜΑΙΡΗ
(ειρωνικά)
Και εγώ χάρηκα για τη γνωριμία…
(Μετανιωμένη. Αλλάζει ύφος)

… Σόρρυ… οκ μη δαγκώνεις. Δεν με αφορά… δικός σου λογαριασμός. Και εγώ για να βρω την ησυχία μου ήρθα εδώ. Και ευτυχώς, δηλαδή, που υπάρχει και η ράμπα γιατί όπως βλέπεις…
(βγάζει και ανάβει τσιγάρο)

(παύση μεγάλη. Βγάζει και του προσφέρει τσιγάρο)

ΜΑΙΡΗ
(διστακτικά)
… θέλεις;

[26]

ΑΓΝΩΣΤΟΣ
(καχύποπτος)

Δεν καπνίζω.

(η ΜΑΙΡΗ κάνει να βάλει πίσω στο πακέτο το τσιγάρο αλλά
αυτός αλλάζει γνώμη)

... αλλά θέλω τώρα.

ΜΑΙΡΗ
(του δίνει)

Μιας και δεν είσαι καπνιστής οφείλω να σε προειδοποιήσω
ότι κάνει κακό στην γονιμότητα σε περίπτωση που θέλεις να
κάνεις παιδιά. Το λέει επάνω στο πακέτο

(γελάνε συγκρατημένα τώρα.)

ΑΓΝΩΣΤΟΣ
Μακάρι να κάπνιζαν μανιωδώς οι γονείς μου τότε.

ΜΑΙΡΗ
Έκαναν τίποτα μανιωδώς;

ΑΓΝΩΣΤΟΣ
Πως... έπιναν, τζογάριζαν, μπίζνες σε διάφορες χώρες,
ταξίδια επαγγελματικά,... και κάπου στη μέση ξεφύτρωσα εγώ.

ΜΑΙΡΗ
Που δεν σε ήθελαν και μανιωδώς να υποθέσω...

ΑΓΝΩΣΤΟΣ
Μάγος είσαι;

ΜΑΙΡΗ
Όχι... μέλος του κλαμπ που είσαι και συ.. αλλά δεν το έχω
πάρει και τόσο πατριωτικά.

ΑΓΝΩΣΤΟΣ
Ούτε εγώ... για την ακρίβεια τους έχω χεσμένους.

ΜΑΙΡΗ
Τότε γιατί κάθεσαι στην άκρη του γκρεμού;

ΑΓΝΩΣΤΟΣ
Εσύ, γιατί κάθεσαι στο καρότσι;

[27]

MAIΡH

Τι σχέση έχει αυτό;

ΑΓΝΩΣΤΟΣ

Ό,τι σχέση έχει και η θέση που κάθομαι τώρα με τους
γονείς μου. Καμία. Μη ψάχνεις να βρεις πληγωμένες ψυχές
και άσχημα παιδικά χρόνια. Έχει καταντήσει αηδία αυτό το
ποιηματάκι.

MAIΡH
(ύφος που δείχνει ότι δεν τον πιστεύει. Ειρωνικό)

Χαίρομαι λοιπόν που σαν παιδί έζησες ευτυχισμένα χρόνια.

ΑΓΝΩΣΤΟΣ
(θυμωμένος)

Χέστηκα, αν χαίρεσαι ή αν λυπάσαι για οτιδήποτε. Δε σε
αφορά. Επειδή κέρασες ένα τσιγάρο δε σημαίνει ότι γίναμε
και φίλοι. Και να σου πω και κάτι ακόμα… άντε γαμήσου και
εσύ και το τσιγάρο σου.

(Το βγάζει από το στόμα του και όπως είναι αναμμένο το
εκσφενδονίζει επάνω στη ΜΑΙΡΗ. Από το ξάφνιασμα και την
τρομάρα της μήπως καεί τραντάζεται πάνω στη θέση της με
αποτέλεσμα το καρότσι να βγει εκτός ισορροπίας και να
πέσει στο πλάι μαζί με τη ΜΑΙΡΗ. Χτυπάει το χέρι της και
βγάζει μια κραυγή πόνου)

(καταλαβαίνει τι έκανε και μετανιωμένος αφήνει τη θέση
του και σπεύδει να τη βοηθήσει, βρίζοντας ταυτόχρονα τον
εαυτό του)

… Τι μαλάκας είμαι… ηλίθιος… συγνώμη… δε το ήθελα… δεν
ήθελα να σου κάνω κακό… συγνώμη.

(τη βοηθάει ταυτόχρονα να ξανακάτσει στο καρότσι της)

MAIΡH
(Πιο πολύ θλιμμένη παρά θυμωμένη. Όμως ψύχραιμη. Πιάνει
το χέρι της που πονάει)

… Ελπίζω να μην έσπασε κάτι. Δεν έχω πόδια. Αν μείνω και
με ένα χέρι έστω και ένα μήνα, θα σκάσω.

ΑΓΝΩΣΤΟΣ
Είμαι μαλάκας ολκής. Συγχώρεσέ με. Θα σε βοηθήσω σε ό,τι
χρειαστείς αν έχεις πάθει κάτι. Ό,τι θες… τι να πω… ο
ηλίθιος.

[28]

ΜΑΙΡΗ

Φταίω και εγώ. Δεν έπρεπε να σου χωθώ έτσι..

ΑΓΝΩΣΤΟΣ

Μα τι λες; Θα βγεις και φταίχτης τώρα;

ΜΑΙΡΗ

Ειδικά όταν είσαι υπό σκέψη να πηδήξεις στο κενό.

ΑΓΝΩΣΤΟΣ

Τι;

ΜΑΙΡΗ

Σκέφτηκα ότι άμα σε τσιγκλήσω θα σηκωνόσουν από κει. Τα κατάφερα αλλά δεν περίμενα ότι θα γινόταν έτσι, και ότι θα πονέσω κιόλας.

ΑΓΝΩΣΤΟΣ
(ξαφνιασμένος από τη διαπίστωσή της)

Και πώς κατάλαβες ότι ήμουν έτοιμος να πηδήξω δηλ; δεν ισχύει…

ΜΑΙΡΗ

Γνωρίζω το βλέμμα αυτό. Αυτές τις γωνίες που σχηματίζονται στο πρόσωπο και αυτή την αγωνία στα μάτια όταν κοιτάζουν το τέλος που βρίσκεται μπροστά τους. Τον ιδρώτα που κυλάει στο λαιμό από την ένταση και τις φλέβες τις φουσκωμένες στα χέρια που κρατιούνται γαντζωμένα ακόμα από τη ζωή, περιμένοντας την εντολή από τον εγκέφαλο να αφήσουν το σημείο που στηρίζονται, ή να πιέσουν τη σκανδάλη, ή να κρατήσουν κάτι κοφτερό και να χαράξουν το σημείο που περνούν όλα τα αγγεία.

ΑΓΝΩΣΤΟΣ

…και από πού τα γνωρίζεις όλα αυτά, δηλαδή; Γιατρός είσαι ή ψυχολόγος;..

ΜΑΙΡΗ

Από προσωπική πείρα. ..και κάποιος που έχει πλησιάσει τόσο κοντά σ' αυτό, εύκολα μπορεί να το διακρίνει όταν συμβαίνει και σε κάποιον άλλο…

ΑΓΝΩΣΤΟΣ

Δηλαδή… τι;… και εσύ;

ΜΑΙΡΗ

Ναι.

[29]

Πότε;… γιατί;

ΜΑΙΡΗ

Όταν συνειδητοποίησα ότι δεν θα ξαναπερπατήσω. Δεν έβρισκα κανένα νόημα να συνεχίσω. Άνοιγα την ντουλάπα και έβλεπα τα αθλητικά μου παπούτσια που έτρεχα κάθε μέρα, τη στολή του σερφ που έκανα όταν πήγαινα στη θάλασσα, το σακίδιο για τις εκδρομές στα βουνά το χειμώνα, και στον καθρέφτη της πόρτας το φάντασμα μια ζωής που δεν μπορούσα πλέον να ζήσω. Οι φίλοι άρχισαν να αραιώνουν, τα τηλέφωνα σταμάτησαν να χτυπάνε, και γενικά δεν ήμουν η προσωποποίηση της χαράς.

ΑΓΝΩΣΤΟΣ

…και πώς;.. εννοώ, με τι τρόπο προσπάθησες να…

ΜΑΙΡΗ

Πήγα σε μια κατηφόρα και άφησα το καρότσι να πέσει πάνω σε ένα φορτηγό. Υπολόγιζα να με κάνει πίτα σε δύο δευτερόλεπτα αλλά έπεσα σε καλό οδηγό. Έστριψε τελευταία στιγμή, και μπορείς να φανταστείς ποιο ήταν το αποτέλεσμα; Κάταγμα και στα δύο πόδια. Σκότωσα δυο πεθαμένους. Έξι μήνες στο κρεβάτι με γύψους και λάμες. Τρις χειρότερα δηλ από πριν. Ούτε να αυτοκτονήσω δεν ήμουν ικανή.

ΑΓΝΩΣΤΟΣ
(χαμογελάει πικρά..)

Εσύ τουλάχιστον είχες τα κότσια και το επιχείρησες. Εγώ φτάνω στην άκρη της κάθε ταράτσας και δεν βρίσκω το θάρρος να …

ΜΑΙΡΗ

…να κάνεις τη μαλακία. Λες ότι δεν είχα τα κότσια, αλλά η αλήθεια είναι ότι δεν είχα μυαλό. Τουλάχιστον εκείνη τη χρονική περίοδο. Στους έξι μήνες που αναγκαστικά έμεινα ακίνητη, προσπάθησα να ξυπνήσω μέσα μου το ένστικτο της επιβίωσης. Με βοήθησε βέβαια και μια καλή ψυχολόγος. Ερχόταν κάθε μέρα. Ήταν η καλύτερη που μπορούσε να βρεθεί. Πανάκριβη, βέβαια, αλλά πλήρωνε ο πατέρας.

ΑΓΝΩΣΤΟΣ

Σ' αγαπά μανιωδώς φαίνεται.

ΜΑΙΡΗ

Τρίχες. Σπάνια συναντιόμαστε. Ούτε μ' αγαπά ούτε με μισεί. Αδιαφορεί είναι η κατάλληλη λέξη ίσως. Έχει τις μπίζνες του που τις αγαπά περισσότερο. Το κυνήγι του χρήματος είναι το αγαπημένο του σπορ. Πληρώνει τα έξοδά μου και το αντάλλαγμα είναι να μην τον ενοχλώ. Και επίσης να μην ξανακάνω άλλη απόπειρα. Θα τσαλακώσει την εικόνα του στους επιχειρηματικούς κύκλους μια τέτοια κουταμάρα… μου είπε. Για το κουταμάρα θα συμφωνήσω μόνο. Αλλά τότε ήμουν άλλη.

ΑΓΝΩΣΤΟΣ
Και, πώς ξύπνησες το ένστικτο της επιβίωσης που λες;

ΜΑΙΡΗ
Με το σινεμά. Έξι μήνες στο κρεβάτι επί 4-5 ταινίες το 24ωρο κάνε λογαριασμό τι υλικό μπήκε στο κεφάλι μου. Το μόνο παράθυρο απ' όπου έβλεπα τη ζωή. Ήταν ρίσκο κι αυτό βέβαια. Ανάλογα ποιος διακόπτης μέσα σου θα γυρίσει. Αυτός που θα σε κάνει να γουστάρεις να ξαναβγείς έξω στο δρόμο ή αυτός που θα σε κάνει να θες να πηδήξεις από το παράθυρο μια ώρα αρχύτερα… ωωωω… σόρυ, τυχαία το είπα.

ΑΓΝΩΣΤΟΣ
Δεν πειράζει..

ΜΑΙΡΗ
Ε, σε μένα ευτυχώς έκατσε το πρώτο. Και άρχισα να ξανακυκλοφορώ στην ωραία μας ζούγκλα. Μαζί με όλα τα άλλα ζωάκια της πανίδας μας.

ΑΓΝΩΣΤΟΣ
Δηλαδή, τώρα δεν ξανασκέφτεσαι να επιχειρήσεις πάλι κάτι τέτοιο;

ΜΑΙΡΗ
Το αντίθετο. Σκοπεύω να ζήσω για πάντα. Μέχρι τώρα όλα καλά.
(γελάνε…)
..κλεμμένο από ταινία αυτό.

ΑΓΝΩΣΤΟΣ
Μεγάλη αλλαγή. Πώς είπες λένε τη ψυχολόγο σου;

ΜΑΙΡΗ
Μπορώ να σου τη γνωρίσω αλλά νομίζω λείπει στο εξωτερικό τώρα.

ΑΓΝΩΣΤΟΣ
Άστο. Έτσι κι αλλιώς δεν φτάνουν τα λεφτά μου για τέτοια. Έχω πιο αναγκαία έξοδα. Οπότε…

[31]

MAIPH

Οπότε θα πέσεις; Δεν με αφορά, αλλά νομίζω ότι δικαιούσαι
να κάνεις πολλά λάθη ακόμα. Όχι όμως αυτό. Δεν σου κάνω
κήρυγμα αλλά δεν πιστεύω ότι θα πας κάπου καλύτερα και θα
ησυχάσεις αν το κάνεις. Η μεταθάνατον ζωή είναι σαν τις
μικρές αγγελίες, φαντάζομαι. Άλλο υπόσχονται και άλλο
αντικρίζεις. Τουλάχιστον σ' αυτές έχεις την ευκαιρία να
πεις όχι. Η κόλαση δεν έχει Αλέ-ρετούρ εισιτήριο.

ΑΓΝΩΣΤΟΣ

Η κόλαση είναι κάτι που κουβαλάς, όχι κάπου που πας.

MAIPH

Τότε πρέπει να ξεφορτώσεις όσο είσαι ζωντανός, φίλε μου.

ΑΓΝΩΣΤΟΣ

Ατάκα από ταινία και αυτό;

MAIPH

Όχι. Ατάκα από κάποια που πήγε και γύρισε από κει που θες
να πας. Η τύχη εμφανίστηκε για πρώτη φορά στη ζωή μου ένα
δευτερόλεπτο πριν της πω αντίο. Ίσως κάτι ψιθύρισε στο
αυτί του οδηγού και έστριψε το τιμόνι τόσο όσο για να
μείνω ζωντανή. Δεν τον γνώρισα ποτέ. Τα ανέλαβαν οι
δικηγόροι του πατέρα μου αυτά. Του χρωστάω ένα ευχαριστώ
νομίζω και ένα συγνώμη.

ΑΓΝΩΣΤΟΣ

Γιατί συγνώμη;

MAIPH

Που τον έμπλεξα σε τέτοιες περιπέτειες. Σηκώνεσαι να πας
στη δουλειά σου και μια τρελή αποφασίζει να γίνεις δήμιός
της.

ΑΓΝΩΣΤΟΣ

Δεν ήσουν τρελή. Απελπισμένη ήσουν.

MAIPH

Και εσύ; Τι είσαι τώρα;

ΑΓΝΩΣΤΟΣ

Τίποτα από τα δύο. Ένα κενό κουτί. Ναι..αυτό ταιριάζει
καλύτερα. Δεν ξέρω πώς να το εξηγήσω...

MAIPH

Και τώρα που μιλάμε..αυτά τα λίγα λεπτά... θέλω να πω, λέμε
κάτι που έχει μια αξία ή τσαμπουνάμε βλακείες τόση ώρα;
Μπαίνουν, έστω και σαν σκόνη, μέσα στο ρημαδοκουτό σου
αυτά που ξεστομίζουμε;

[32]

ΑΓΝΩΣΤΟΣ

Δεν ξέρω. Πάντως δεν είναι και λαμπίκο.

ΜΑΙΡΗ

...χμ... δεν μου μοιάζει για κακό αυτό.

ΑΓΝΩΣΤΟΣ

Ούτε για καλό μη το παίρνεις. Δεν είμαι και πολύ της εμπιστοσύνης. Σε λίγη ώρα μπορεί να είμαι αλλιώς. Δεν περιμένω να καταλάβεις. Αν μιλάω τώρα μαζί σου πιο πολύ είναι από περιέργεια. Για το τι μπορεί να ειπωθεί ανάμεσα σε δυο αγνώστους που δεν είναι και τόσο φανατικοί της ζωής... ας πούμε. Έστω ένας τώρα και μια πρώην...

ΜΑΙΡΗ

Σήμερα έτυχε να εμποδίσω κάποιον να μαχαιρώσει έναν άνθρωπο στο ασανσέρ. Έχω κάνει την καλή πράξη της ημέρας. Αν θες να πέσεις στο κενό, περίμενε τουλάχιστον να φύγω. Σου είπα τόσα για μένα γιατί νόμισα ότι θα νιώσεις πολύτιμος. Άξιος να σε εμπιστευτεί κάποιος. Ακόμα το νομίζω. Όμως, αν δεν το πιστεύεις και εσύ, δεν έχει νόημα. Το κενό που λες ότι νιώθεις δεν πιστεύω ότι υπάρχει. Αυτό που σίγουρα υπάρχει, όμως, είναι δειλία.

ΑΓΝΩΣΤΟΣ

Δεν μπορείς να με κρίνεις. Πέντε λεπτά μιλάμε. Αν ήμουν δειλός δεν θα δεχόμουν να ...

ΜΑΙΡΗ

...να συζητήσεις μαζί μου; Αφού είδες, όμως, ότι είμαι ανάπηρη, άλλαξες γνώμη. Ε; Τι μπορεί να σου κάνει μια κοπέλα στην κατάστασή μου...

ΑΓΝΩΣΤΟΣ

...δεν είσαι μια οποιαδήποτε κοπέλα.

ΜΑΙΡΗ

...και γιατί δεν είμαι μια οποιαδήποτε κοπέλα, παρακαλώ;

ΑΓΝΩΣΤΟΣ

Γιατί... είσαι η τελευταία κοπέλα που με βλέπει ζωντανό.

(φώτα σβήνουν)

(Ιατρείο καταστήματος. Ο τραυματισμένος του ασανσέρ ο ΦΡΑΝΖ δέχεται τις πρώτες βοήθειες από τον ΓΙΑΤΡΟ του καταστήματος.)

ΦΡΑΝΖ
Δηλαδή, στο τσακ δεν έκοψα κεντρική αρτηρία.

ΓΙΑΤΡΟΣ
Λίγα χιλιοστά. Βέβαια, αφού υπάρχει ιατρείο μέσα στο κατάστημα, θα προλαβαίναμε τα χειρότερα. Όμως, αν ήσασταν κάπου αλλού, δεν ξέρω τι θα γινόταν.

ΦΡΑΝΖ
Αυτή η βλαμμένη φταίει που με γκρέμισε με το καρότσι της. Αλλιώς θα ήμουν μια χαρά τώρα, γιατρέ.

ΓΙΑΤΡΟΣ
Μα, απ' ότι έμαθα, εσείς επιτεθήκατε και μάλιστα ο σουγιάς ήταν δικός σας. Είχατε σκοπό να πληγώσετε κάποιον. Για να μην πω κάτι χειρότερο. Αν σας γινόταν μήνυση τώρα, θα σας περίμενε απ' έξω περιπολικό. Πρέπει να αρχίσετε να σκέφτεστε διαφορετικά προτείνω.

ΦΡΑΝΖ
Εγώ προτείνω να σκεφτείς εσύ διαφορετικά γιατί με τέτοια μυαλά δε θα αργήσει να έρθει η ώρα που θα σε φάνε λάχανο αυτοί.

ΓΙΑΤΡΟΣ
Ποιοι αυτοί;

ΦΡΑΝΖ
Όλοι τους. Ξέρεις ποιοι. Ειδικά οι αράπηδες. Και όλο το συφερτό από κοντά. Πούστηδες, κιτρινιάρηδες, αφρικανοί, κουμμούνια, συντηρητικοί, μετριοπαθείς γλυκοί βραστοί, βουδιστές, ντραβέλια, εβραίοι, και όλο το σκατό του κόσμου που θέλει να μας πνίξει. Μωρέ, δεν τους άφηνα σε χλωρό κλαρί όλους αυτούς όταν ήμουν καλά. Τέλος πάντων.

ΓΙΑΤΡΟΣ
Τι πρόβλημα έχετε;

ΦΡΑΝΖ
Καρδιά. Έχω σειρά σε λίγες μέρες για μια επέμβαση. Κανονικά ,δεν πρέπει να εκνευρίζομαι και να τσακώνομαι. Αυτό είναι το μόνο λάθος μου. Σ' αυτό θα συμφωνήσω. Όμως δεν τους ανέχομαι, γαμώ τη φάρα τους.

ΓΙΑΤΡΟΣ

Ποιος έχει αναλάβει την επέμβαση;

ΦΡΑΝΖ

Κάποιος δόκτωρ Τζέιμς. Ούτε που τον έχω δει. Αυτός εφημερεύει τη μέρα που μου δώσανε. Δημόσιο νοσοκομείο, βλέπεις. Δεν μπορείς και να αρνηθείς. Αλλιώς πλήρωσε, να έχεις αυτόν που θες. Σκατά δηλ. Ευτυχώς που δεν είναι και βαριά η περίπτωσή μου.

ΓΙΑΤΡΟΣ

Ίσως δεν είναι βαριά η περίπτωση της καρδιάς αλλά επίτρεψέ μου να σου πω - γιατί θέλω να είσαι υγιής- ότι βαριά είναι η περίπτωση της λογικής σου. Αυτή χρειάζεται περισσότερο βοήθεια.

ΦΡΑΝΖ

Με λες τρελό, δηλαδή; Για μαζέψου, γιατρουδάκο, γιατί παραπήρες θάρρος. Σέβομαι ότι με περιποιήθηκες, αλλά μη ξεπερνάς τη γραμμή. Άντε γεια.

(σβήνουν φώτα)

Σκηνή 11

(ΠΩΛΗΤΗΣ - ΣΕΡ. Ο ΠΩΛΗΤΗΣ είναι σε υπερένταση αφού εδώ και τόση ώρα ο πελάτης δεν έχει διαλέξει τι πουκάμισο θα πάρει.)

ΣΕΡ

Θέλω να μου πείτε την αλήθεια, αγαπητέ μου. Μη διστάζετε. Αυτό το ροδί δεν φωτίζει καλύτερα το πρόσωπό μου από αυτό το κοραλλί;

ΠΩΛΗΤΗΣ

Το πρόσωπό σας είναι φωτεινό έτσι κι αλλιώς, κύριέ μου. Μην εξαρτιέστε από ένα πουκάμισο. Η προσωπικότητα είναι που προσθέτει και όχι το χρώμα ενός πουκάμισου.

ΣΕΡ

Ωωωω... μα τι ευγενικός! Είστε από τους καλύτερους υπαλλήλους που έχω συναντήσει. Και τι υπομονετικός. Ξέρετε... σήμερα είναι δύσκολο να βρεθεί πωλητής της δικιάς σας ποιότητος. Έχω φτάσει και σε δικαστήρια ακόμα, με υπάλληλο που ήταν τόσο ανάγωγος και αγενής που με έβγαλε από τα όριά μου. Μέχρι που με έπιασε από το λαιμό. Μπορείτε να το διανοηθείτε; Πήρα και αποζημίωση και απελύθη κιόλας. Εμααααα..... η υπομονή έχει και σύνορα.

ΠΩΛΗΤΗΣ
(συνειδητοποιώντας που έχει μπλέξει)

... δίκιο έχετε. Εδώ πάντως έχετε δρόμο ακόμα για τα σύνορα. Δε σας αφήνω να φύγετε εγώ αν δεν ικανοποιηθείτε πλήρως. Θα το θεωρήσω κηλίδα για το βιογραφικό μου αν ένας πελάτης σαν εσάς δεν νιώσει ότι δεν του δώσανε την πρέπουσα σημασία. Καταρχήν, φαίνεται ότι ξέρετε από ντύσιμο. Τόση προσοχή στη λεπτομέρεια, τόση παρατηρητικότητα στην εφαρμογή και στους συνδυασμούς που μπορούν να προκύψουν. Μα την αλήθεια, δε σας κρύβω ότι νιώθω ήδη μια ελαφρά αμηχανία στο αν είμαι ο κατάλληλος για να σας εξυπηρετήσω. Αν θέλετε να φωνάξω κάποιον άλλον αν με κρίνετε ανεπαρκή και...

ΣΕΡ

Μα τι λέτε αγαπητέ.... Είστε κάτι παραπάνω από επαρκής. Δεν χρειάζομαι άλλον. Για πείτε μου τώρα... αυτά τα κουμπιά τα θαλασσιά, μπορούμε να τα συνδυάσουμε με μια γραβάτα στο χρώμα της λευκής άμμου από κάποια εξωτική παραλία; Ξέρετε έχει διαφορά από την απλή άμμο που είναι σαν του χωραφιού. Δεν είμαι τόσο σίγουρος, θέλω τη γνώμη σας...

ΠΩΛΗΤΗΣ

Μην αφήνετε την αμφιβολία να τρυπώσει στο μυαλό σας και
να σας μπερδεύει. Φυσικά και ταιριάζουν. Αλλιώς και να
θέλατε, δε σας το έδινα αυτό το πουκάμισο. Όχι, δε θα
επέτρεπα τέτοια παρεκτροπή, από αυτό εδώ το πόστο, κύριέ
μου. Τι είσαστε; Κανένα – με συγχωρείτε για τη λέξη-
κανένα γαϊδούρι που του φοράμε καμιά καπιστράνα του
ρίχνουμε και μια στο πισινό και το διώχνουμε για να
ξεμπερδεύουμε; ΟΧΙ… από εδώ θα φύγετε σαν άρχοντας.
Ντυμένος στην εντέλεια και περήφανος για τις επιλογές
του.

ΣΕΡ
(έκπληκτος..)

Ειλικρινά, μένω έκπληκτος, αγαπητέ μου… τέτοια
εξυπηρέτηση και ενδιαφέρον δεν έχω ξαναγνωρίσει σε όποιο
κατάστημα και αν πήγα. Το αντίθετο. Σε κάποια ένιωσα και
απειλή για τη ζωή μου. Θα αφήσω ευχαριστήριο στην
διεύθυνση για σένα.

ΠΩΛΗΤΗΣ
(ανακουφισμένος)

Λοιπόν; Να σας τυλίξω το πουκάμισο με τα θαλασσιά
κουμπάκια; Υπέροχη επιλογή.

ΣΕΡ

Μια στιγμή. Θα ήθελα να δω και αυτό εκεί. Να εκεί… στο
χρώμα του σάπιου μήλου…

Σκηνή 12

(ΤΟΜ στο ασανσέρ. Μαζί με τον ΠΑΤΕΡ αυτή τη φορά)

ΤΟΜ

Πώς πάει το πόδι, Πάτερ; Ελπίζω να μη σας άφησε μεγάλη μελανιά η πιτσιρίκα.

ΠΑΤΕΡ

Πιο πολλές μελανιές μου έχουν προκαλέσει οι μεγάλοι, τέκνο μου. Και όχι σωματικές εννοώ.

ΤΟΜ

Παρακαλώ πολύ, μη με προσφωνείτε τέκνο σας, πάτερ μου. Μη με παρεξηγείτε αλλά δεν νιώθω τέκνο κανενός παρά μόνο των γονιών μου. Ας πούμε ότι δε νιώθω ακόμα έτοιμος να λέγομαι έτσι, αν αυτό ακούγεται καλύτερα.

ΠΑΤΕΡ

Κανείς δεν είναι έτοιμος ποτέ, για τίποτα, φίλε μου – αν μου επιτρέπεις να σε λέω έτσι-. Μεγαλώνουμε, σπουδάζουμε, γυμναζόμαστε, εργαζόμαστε, γινόμαστε κάποιοι, και ξαφνικά γίνεται κάτι για το οποίο δεν έχουμε προετοιμαστεί – γιατί προετοιμαζόμαστε συνήθως για τα καλά- μια ασθένεια, ένα ατύχημα, μια καταστροφή, και τότε λέμε «αυτό δεν το περίμενα».

ΤΟΜ

Δεν μπορώ να διαφωνήσω όπως το λέτε. Χαίρομαι πάντως που μου απαντήσατε τόσο λογικά. Δεν είναι σύνηθες για έναν άνθρωπο της εκκλησίας.

ΠΑΤΕΡ

Ούτε για κάποιον, που μάλλον δεν είναι της εκκλησίας, να μιλάει με σεβασμό που συνήθως δεν διαθέτουν μπόλικοι από αυτούς που έρχονται συχνά στην εκκλησία. Έχω την αίσθηση, επίσης, ότι ο σεβασμός που μου δείχνετε δεν επηρεάζεται από το ράσο που φοράω. Έτσι είστε φτιαγμένος.

ΤΟΜ
[ΣΤΟΠ]

Αυτό μου τη δίνει με μερικούς παπάδες. Γίνονται τόσο συμπαθητικοί, που ενώ δεν τους γουστάρω, αισθάνομαι ότι θα ήθελα να κουβεντιάσω μαζί τους. Ευτυχώς είναι ελάχιστοι και δεν είναι εύκολο να τους βρεις στο δρόμο σου. Βρίσκονται χαμένοι σε κάποιο ξεχασμένο παρεκκλήσι ή σε κάποια άγνωστη φτωχογειτονιά. Μοιράζουν φαγητό σε κάνα παιδί, κουβεντιάζουν με κουρασμένες ψυχές χωρίς να κάνουν κήρυγμα, μιλάνε για τα δικά τους λάθη, σου χαμογελάνε

χωρίς φτιασίδια, έχουν ραμμένες τσέπες, και μένουν για
πάντα με ένα ρούχο πάνω τους. Χωρίς αναβαθμίσεις σε
αξιώματα, χωρίς δημόσιες σχέσεις, χρυσά μπαστούνια και
θρόνους. Κάτι τέτοιους λοιπόν, τους αποφεύγω. Γιατί; Μα
το είπα και πριν. Δεν είμαι έτοιμος να γίνω... αυτό το
πράγμα. Πώς να το πω. Τρέχω να προλάβω τη ζωή. Και δεν
την προλαβαίνω, να πάρει η οργή. Είναι σαν τα λεωφορεία,
που όταν τα κυνηγάς, πάνε με διπλάσια ταχύτητα απ ότι
όταν είσαι μέσα. Μα την αλήθεια λοιπόν... θέλω να του ρίξω
και εγώ μια κλοτσιά στο άλλο πόδι. Έχω καιρό για να γίνω
άνθρωπος. Κάτι τέτοιοι μπορούν να γίνουν αιτία να φτάσεις
τελευταίος στο πάρτι. Άσε που μέσα σίγουρα θα βρεις
πολλούς συναδέλφους του.

TOM
[ΣΤΑΡΤ]

Πάτερ μου, το δικό σου ασανσέρ έχει μόνο άνοδο. Εύχομαι
να βοηθάς κι άλλους να ανέβουν. Στο δικό μου πάντως πιο
πολλή δουλειά έχουν οι κάτω όροφοι και ειδικά στο
ισόγειο. Εκεί πέφτει πιο πολύ το χρήμα.

ΠΑΤΕΡ
Ο λογαριασμός όμως γίνεται αλλού.

TOM
Ναι. Συμφωνώ. Για την ακρίβεια, στο ρετιρέ που είναι το
γραφείο του αφεντικού.

ΠΑΤΕΡ
Λάθος.

TOM
Τότε πού;

ΠΑΠΑΣ
(ανοίγει η πόρτα και βγαίνοντας απαντάει)

..Μέσα μας, όταν ξαπλώνουμε τα βράδια.

TOM
[ΣΤΟΠ]
(κοιτάει αφηρημένα προς τα πάνω. Με παράπονο)

... Ρε συγγραφέα, βάλε με να πω μια ατάκα της προκοπής.
Όλοι με ταπώνουν και φεύγουν.

ΣΥΓΓΡΑΦΕΑΣ
(Μια φωνή από ψηλά)
« όταν θα είσαι έτοιμος..»

[39]

Σκηνή 13

(το φως πέφτει στο τραυματισμένο ΚΛΕΦΤΡΟΝΙ από το στυλό
στο δοκιμαστήριο. Ταλαιπωρημένος φοράει ένα παλτό που
είχε ξεχαστεί στο δοκιμαστήριο για να μη φαίνεται το
ματωμένο του πουκάμισο. Βγαίνει και στέκεται μπροστά σε
ένα πάγκο με ρούχα. Η ΥΠΑΛΛΗΛΟΣ που είναι υπεύθυνη για το
πόστο, τον πλησιάζει. Αυτός προσπαθεί να διατηρήσει την
ψυχραιμία του για να αποφύγει τις υποψίες της.)

ΥΠΑΛΛΗΛΟΣ
Με συγχωρείτε για την ολιγόλεπτη απουσία μου. Έπρεπε να
εξυπηρετήσω και από το διπλανό πόστο. Αρρώστησε ξαφνικά η
συνάδελφος και έπρεπε να φύγει. Θέλετε να σας βοηθήσω σε
κάτι ή απλώς κοιτάτε;

ΚΛΕΦΤΡΟΝΙ
(επιστρατεύοντας όλη τη φυσικότητά του και προσέχοντας να
μην φανεί το τραύμα του)

.. Όχι, απλώς κοιτάω. Δεν έχω αποφασίσει ακόμα. Όλα είναι
πολύ ωραία.

ΥΠΑΛΛΗΛΟΣ
Πάντως και το παλτό είναι πολύ ωραίο για τη σύντροφό σας.

ΚΛΕΦΤΡΟΝΙ
Ποιο παλτό;

ΥΠΑΛΛΗΛΟΣ
Αυτό που φοράτε. Το δοκίμαζε μια κυρία πριν, αλλά μάλλον
δεν της άρεσε και το άφησε προφανώς. Έχετε τον ίδιο
σωματότυπο και το προβάρετε πάνω σας, φαντάζομαι.

ΚΛΕΦΤΡΟΝΙ
Ε… ναι. Αλλά θα ήθελα να δω και κάτι άλλο αν μπορείτε να
μου φέρετε να δω.

ΥΠΑΛΛΗΛΟΣ
Φυσικά… μα… είστε καλά; Σας βλέπω κάπως…

(βλέπει ένα λεκέ από αίμα πάνω στο πουκάμισο του καθώς
ανοίγει λίγο το παλτό του)
Μα… έχετε ματώσει.

ΚΛΕΦΤΡΟΝΙ
(προσπαθεί να βρει δικαιολογία για να μπορέσει να φύγει
χωρίς να προκαλέσει υποψίες)

Έχω κάνει πρόσφατα μια επέμβαση και τα ράμματα ακόμα
είναι φρέσκα. Δεν έπρεπε να σηκωθώ από το κρεβάτι. Δεν

είναι τίποτα, όμως, μην ανησυχείτε. Θα πάω στο γιατρό
κατευθείαν από εδώ.

ΥΠΑΛΛΗΛΟΣ

Είστε σίγουρος; Δεν χρειάζεστε κάτι άλλο; Δεν μοιάζει
κάτι απλό. Νομίζω πως πρέπει να ειδοποιήσω τον…

ΚΛΕΦΤΡΟΝΙ

Η αλήθεια είναι πως χρειάζομαι τα χάπια μου… ακολουθώ μια
αγωγή.
(κάνει πως ψάχνει πάνω του)

Αλλά κάπου θα μου έπεσαν. Ίσως στο δοκιμαστήριο.

ΥΠΑΛΛΗΛΟΣ

Μισό, να ρίξω μια ματιά… Καθίστε αν θέλετε.

(ενώ πάει προς το δοκιμαστήριο το ΚΛΕΦΤΡΟΝΙ την ακολουθεί
με σκοπό να την εξουδετερώσει και να φύγει χωρίς
πρόβλημα. Το φως σβήνει λίγο πριν ακουστεί ένα χτύπημα
και ένας γδούπος στο πάτωμα)

Σκηνή 14

(στο γραφείο του ΑΦΕΝΤΙΚΟΥ. Συνομιλεί με τον ΤΡΑΠΕΖΙΤΗ)

ΑΦΕΝΤΙΚΟ
Φοβάμαι ότι θα μπλέξουμεεεε…

ΤΡΑΠΕΖΙΤΗΣ
Μην ανησυχείς, θα το πάρεις το δάνειο. Θα εισηγηθώ θετικά στην επιτροπή του ιδρύματος. Άλλωστε δεν είσαι τυχαίος. Τόση περιουσία έχεις. Τόσα ακίνητα… και ναυαρχίδα τούτο τον ουρανοξύστη. Τον ψηλότερο της πόλης.

ΑΦΕΝΤΙΚΟ
Ααα… τα έχετε μετρήσει κιόλας. Βάζω στοίχημα ότι ξέρετε καλύτερα και από το λογιστήριο μου τι πραγματικά έχω.

ΤΡΑΠΕΖΙΤΗΣ
Είναι μέρος της δουλειάς. Δεν θα έπρεπε να σε παραξενεύει. Και συ τα κάνεις αυτά στις δουλειές σου. Ψέματα;

ΑΦΕΝΤΙΚΟ
Δεν μου εξηγείς όμως. Γιατί να πάρω το δάνειο που προτείνεις αφού δεν το χρειάζομαι. Εννοείται ότι το πράγμα βρωμάει. Αλλά δεν έχω καταλάβει ακόμα από ποιανού το τομάρι αναδύεται η μπόχα.

ΤΡΑΠΕΖΙΤΗΣ
Υπερβολικός όπως πάντα. Μα αυτοί που δεν χρειάζονται λεφτά παίρνουν τα δάνεια τώρα. Οι υπόλοιποι που χρειάζονται αλλά δεν έχουν, μας είναι αδιάφοροι απλώς. Κι τα λίγα που έχουν, χαμένα ήδη είναι. Θέλουμε να φαίνεται ότι δανείζουμε σε υγιείς επιχειρήσεις. Έρχονται και αξιολογήσεις. Δεν έχεις να φοβάσαι κάτι.

ΑΦΕΝΤΙΚΟ
Είμαι πολλά, αλλά βλάκας δεν είμαι. Πιο πολύ εμπιστεύομαι τη θάλασσα να μου επιστρέψει πίσω το πορτοφόλι μου αν πέσει μέσα της, παρά μια τράπεζα να με σβήσει με τον πυροσβεστήρα της αν πιάσω φωτιά στο σαλόνι της. Αν πουλάγατε μόνο χρήματα ακόμα, δεν θα ήμουν τόσο επιφυλακτικός. Τώρα πουλάτε πολιτική πια.

ΤΡΑΠΕΖΙΤΗΣ
Δεν σου ζήτησα να εμπιστευτείς την τράπεζα. Να εμπιστευτείς εμένα σου ζητάω. Τα χρήματα είναι πολλά και φτάνουν και για τους δυο μας. Απλώς εσύ θα φαίνεσαι ως η Α.Ε που ζητάει δάνειο. Και εγώ θα κάνω παιχνίδι από μέσα. Θα φτιάξουμε και μια οφσόρ και όλα θα πάνε πρίμα. Θα σου φέρω και έναν δημοσιογράφο που θα φροντίσει την εικόνα σου στα ΜΜΕ. Είναι καλό παιδί.

ΑΦΕΝΤΙΚΟ

Καλό παιδί;... Αποκλείεται να τον ξέρω.

ΤΡΑΠΕΖΙΤΗΣ

Εννοώ έμπιστος. Θα βάλεις εγγύηση εκείνο το κτήριο στην άκρη της πόλης που είναι ερείπιο και άχρηστο. Θα φροντίσω να υπάρχει έκθεση που θα το εκτιμά σε πολλαπλάσια αξία. Το πολύ πολύ να την πληρώσει κάποιος υπαλληλάκος που θα την έχει υπογράψει.

ΑΦΕΝΤΙΚΟ

Εκείνο είναι της γυναίκας μου. Δεν με νοιάζει. Ούτε που ασχολείται. Μαζί με τους λογαριασμούς που θα μου φέρει, θα τη βάλω να υπογράψει και ένα χαρτί ακόμα. Ούτε θα καταλάβει τίποτα. Ακόμα κι αν το δει να γίνεται παλάτι. Αμφιβάλω αν θυμάται κιόλας ότι είναι δικό της.

ΤΡΑΠΕΖΙΤΗΣ

Στο μεταξύ, έχω διαβεβαιώσεις από τον υφυπουργό για την άλλη υπόθεση που σε ενδιαφέρει. Αύριο μεσάνυχτα θα περάσει στη ζούλα μια παράγραφο στη σχετική τροπολογία, και θα σώσει και σένα μαζί με μερικούς άλλους.

ΑΦΕΝΤΙΚΟ

Και εγώ τον είχα ποτίσει όταν η τσέπη του ήταν πιο ξερή και από την έρημο Καλαχάρι. Πώς έκανε καμπάνια και βγήκε στον αφρό; Με τα παραμύθια που έλεγε στον κοσμάκη για να τον κοιμίσει;

ΤΡΑΠΕΖΙΤΗΣ

Δεν είναι αχάριστος. Γι αυτό θα βοηθήσει.

ΑΦΕΝΤΙΚΟ

Και να φανταστώ ότι στο δάνειο που θα πάρω εγώ θα βάλει κι αυτός χέρι.

ΤΡΑΠΕΖΙΤΗΣ

Να φανταστείς τι μπορεί να γίνει αν δεν κάνεις αυτά που πρέπει να κάνεις.

[ΠΑΓΩΝΕΙ Η ΕΙΚΟΝΑ ΕΚΤΟΣ ΤΟΥ ΑΦΕΝΤΙΚΟΥ]

(Πλησιάζει και απευθύνεται στο κοινό)

ΑΦΕΝΤΙΚΟ
Εσείς, τι λέτε να κάνω; Να δεχτώ ή να τον στείλω στο
διάολο; Δεν πειράζει αν δεν με χωνεύετε. Θα πάρω τη γνώμη
του λαού αυτή τη φορά.

(Ανάβει και ένα πούρο. Ότι πει η πλειοψηφία θα ενεργήσει
το αντίθετο)

(Σε περίπτωση – Να τον στείλει στο διάολο)

ΑΦΕΝΤΙΚΟ
(Επιστρέφει στη συζήτηση)
Θα δεχτώ. Για ένα λόγο. Μερικές φορές για να ξεβουλώσεις
μια αποχέτευση, πρέπει να βάλεις το χέρι σου στα σκατά.

ΤΡΑΠΕΖΙΤΗΣ
Οι αποχετεύσεις είναι σημάδι πολιτισμού, φίλε μου καλέ.
Διαφορετικά, όλα τα απόβλητα θα κυλούσαν στους δρόμους
και στις πλατείες. Και τότε ο κόσμος δε θα χρειαζόταν
γυαλιστερά παπούτσια, ακριβά ρούχα και τόσα άλλα υπέροχα
πράγματα που διαθέτει το κατάστημά σου. Θα χρησιμοποιούσε
γαλότσες, αδιάβροχα και μάσκες οξυγόνου για να
κυκλοφορεί. Οπότε, αν λερώσεις και λίγο το χέρι σου για
την εύρυθμη λειτουργία των αγωγών, δεν είναι και τόσο
οδυνηρό. Τη στιγμή μάλιστα που η τσέπη σου θα
μοσχοβολήσει.

(Δίνουν τα χέρια και μετά πλησιάζει το κοινό. Και στις
δυο περιπτώσεις το ίδιο κείμενο θα απευθύνει στους
θεατές. Η εδώ η στο τέλος της σκηνής)

Επειδή σας ρώτησα, νομίζατε ότι θα έκανα ότι… ψηφίσατε,
ε! Η αιώνια παλιά ιστορία. Πούλησα λίγη δημοκρατία και
σπεύσατε να κάνετε ό,τι κάνετε εδώ και χιλιάδες χρόνια.
Νομίζετε ότι η γνώμη σας, ενδιαφέρει αυτούς που παίρνουν
τις αποφάσεις. Και να πω ότι δεν σας ενημέρωσα εγκαίρως;
Το είπα και πριν. Αδιαφορώ τι θεωρείτε και τι σκέφτεται ο
καθένας σας για μένα. Γι αυτό είμαι σ αυτή τη θέση. Γι
αυτό επίσης κάνουν το ίδιο αυτοί που χειροκροτάτε και
γλείφετε όταν -τάχα μου-δείχνουν πως ενδιαφέρονται για
την καλυτέρευση της ζωής σας. Τη ζητάει ο οργανισμός σας
την προδοσία. Από τη μικρότερη σαν αυτή εδώ μέχρι τη
μεγαλύτερη. Τέλος μαθήματος. Έτσι κι αλλιώς, τα ίδια θα
ξανακάνετε.

(Σε περίπτωση – Να δεχτεί το δάνειο)

ΑΦΕΝΤΙΚΟ
Δε θα το πάρω. Βρες άλλο κορόιδο. Έχω αρκετά για να μη
χρειάζεται να γλείφω τύπους σαν εσένα. Κι αν χρειαστεί,
τουλάχιστον να είναι παραπάνω από σένα. Μη το παίρνεις

[44]

προσωπικά. Αυτή τη στιγμή μιλάμε για μπίζνες. Το αυριανό δείπνο, που έχουμε κανονίσει, ισχύει.

ΤΡΑΠΕΖΙΤΗΣ
Να ξέρεις ότι θα κάνει άσχημη εντύπωση αυτή η απόφαση. Στο είπα και πριν. Πρέπει να φανταστείς τις συνέπειες.

ΑΦΕΝΤΙΚΟ
Οι συνέπειες θα είναι ότι θα γλυτώσω λεφτά και δεν θα χρειαστεί να ταΐσω άλλα παράσιτα. Ούτε απειλές δέχομαι να πεις εκεί που ξέρεις. Έχω τρόπους να αμυνθώ. Και δεν είναι πολιτισμένοι. Λοιπόν; Θα έρθεις στο δείπνο;

ΤΡΑΠΕΖΙΤΗΣ
Στις μέρες μας είναι το λιγότερο ανοησία – εκτός από αγένεια- να αρνείσαι ένα δωρεάν γεύμα.

ΑΦΕΝΤΙΚΟ
(Χαμογελώντας)

Ανοησία είναι να νομίζεις ότι υπάρχει δωρεάν γεύμα σε τούτη τη ζωή.

Σκηνή 15

(Στην ταράτσα. Ο ΑΓΝΩΣΤΟΣ έχει ανέβει πάλι στο τοιχίο της
ταράτσας. Η ΜΑΙΡΗ εκνευρισμένη)

ΜΑΙΡΗ
Είσαι τόσο στραβόξυλο που, αν μπορούσα, θα ανέβαινα εκεί
να σε σπρώξω εγώ στο κενό.

ΑΓΝΩΣΤΟΣ
Τι;

ΜΑΙΡΗ
Ναι. Θέλω να σε σπρώξω εγώ λέω. Ένας ηλίθιος λιγότερος.
Θα λέω ότι έβαλα και εγώ ένα χεράκι να μειωθεί ο
πληθυσμός σας.

ΑΓΝΩΣΤΟΣ
Το ίδιο έκανες και πριν. Για να κάνω πίσω. Τώρα
προσπαθείς με άλλο τρόπο. Γελοιοποιώντας την κατάσταση.
Αλλά δεν με ενδιαφέρει.

ΜΑΙΡΗ
(κοιτάει γύρω της. Βλέπει έναν λαμπτήρα που έχει αφήσει ο
ηλεκτρολόγος νωρίτερα σε μια άκρη. Κυλάει το καρότσι της
προς το σημείο που βρίσκεται ο λαμπτήρας. Τον πιάνει και
τον βάζει ανάμεσα στα δόντια της. Το βλέμμα της σκληρό,
θυμωμένο και αποφασιστικό)

ΑΓΝΩΣΤΟΣ
Τι είναι αυτό πάλι; Τι κάνεις;

ΜΑΙΡΗ
Αν δεν κατέβεις από κει πάνω θα σπάσω τον λαμπτήρα στο
στόμα μου. Ξέρεις τι έχουν μέσα αυτές οι καινούργιες, ε;
Υδράργυρο. Μόλις το εισπνεύσω, θα δράσει σαν δηλητήριο.
Κάτι σαν υδροκυάνιο ας πούμε. Αποφάσισε.

ΑΓΝΩΣΤΟΣ
Πλάκα κάνεις; Το πολύ πολύ να κόψεις λίγο τη γλωσσίτσα
σου και καλό θα της κάνει, για να σταματήσει να λέει
μπαρούφες. Απειλείς ότι θα αυτοκτονήσεις προσπαθώντας να
αποτρέψεις την δικιά μου αυτοκτονία;

ΜΑΙΡΗ
Τζακ Ραϊαν, φίλε. Αυτό σου λέω μόνο.

ΑΓΝΩΣΤΟΣ
Τι Τζακ Ραϊαν, ρε; Τι μαλακίες λες;

[46]

MAIPH

Σου είπα. Είδα τόσες πολλές ταινίες και έμαθα πολλά.
Πράκτορας Τζακ Ράιαν. Κρις Πάιν, Κεβιν Κόστνερ, Κίρα
Νάιτλι. Shadow Recruit. Το επιβεβαίωσα και στο γκούγκλ.
Υδράργυρος. Ισχυρή νευροτοξίνη. Αν μπει στον οργανισμό,
προκαλεί εγκεφαλική παράλυση, σοβαρές βλάβες στο νευρικό
σύστημα, στα νεφρά και στο συκώτι και σύντομα οδηγεί στο
θάνατο. Και αυτά, αν απλώς τα εισπνεύσεις από απόσταση.
Πόσο μάλλον αν το πάρεις σαν σφηνάκι. Δεν αστειεύομαι. Θα
το κάνω.

ΑΓΝΩΣΤΟΣ

Δε σε πιστεύω.

MAIPH

Δοκιμασέ με λοιπόν.

ΑΓΝΩΣΤΟΣ

Πριν έλεγες «σκοπεύω να ζήσω για πάντα».

MAIPH

Πέθανα όταν έχασα τα πόδια μου. Από κει και πέρα, ζω
χωρίς το φόβο του θανάτου. Δεν γίνεται να πεθάνει κάποιος
δυο φορές. Άρα δεν μου λέει και τίποτα να κάνω αυτό, που
είπα, εδώ μπροστά σου. Εσύ όμως θα είσαι η αιτία αυτής
της πράξης μου. Αν αντέχεις, πέσε με αυτή τη σκέψη.

ΑΓΝΩΣΤΟΣ

(την κοιτάει προσπαθώντας να ζυγίσει τα λόγια της)

MAIPH

Νομίζεις ότι θα αλλάξεις τον κόσμο αν τελειώσεις τη ζωή
σου; Η γη θα συνεχίσει να γυρίζει ακόμα κι αν κατέβεις
από αυτή. Οι άνθρωποι θα συνεχίσουν να πηγαίνουν στις
δουλειές τους, να τσακώνονται, να αγαπιούνται, να
ταξιδεύουν, να αποτυγχάνουν, να κερδίζουν, να χάνουν. Θα
συνεχίζουν να ζουν αγνοώντας καν την ύπαρξή σου ή το χαμό
σου. Η βροχή θα συνεχίσει να πέφτει αδιάφορα κι ο ήλιος
θα βγει από το ίδιο σημείο το πρωί. Δεν πρόκειται να
αλλάξει τίποτα η πράξη σου. Δεν γίνεται να αλλάξεις τον
κόσμο έτσι.

(νιώθει ότι δεν πείθει. Απελπίζεται και ξαναπροσπαθεί)

Όμως... μπορείς να αλλάξεις τον δικό μου. Ζήσε και γίνε
φίλος μου. Γίνε αυτό που άξιζε για να παραμείνω ζωντανή.
Δώσε αξία στον κόσμο μου.

ΑΓΝΩΣΤΟΣ

«Και με τον δικό μου κόσμο τι θα γίνει;» – «ΑΒΑΝΑ»
Ρόμπερτ Ρέτφορντ, Λένα Όλιν. Ξέρω και εγώ κάποιες ατάκες
από ταινίες.

ΜΑΙΡΗ

Ξεκίνα και φτιάξε έναν καινούργιο... ούτε το όνομά σου δεν
ξέρω ακόμα.

ΑΓΝΩΣΤΟΣ

Χμμμ... λέγε με Τζακ Ραϊαν αφού είναι από τους αγαπημένους
σου. Ίσως είναι καλό και για μένα... μέχρι να αποφασίσω.

(Από εδώ και πέρα ο άγνωστος θα προσφωνείται ως ΤΖΑΚ)

ΜΑΙΡΗ

Λοιπόν, Τζακ; Τι λες;

ΤΖΑΚ

Λέω ότι μάλλον δεν μπορώ να δώσω καμιά αξία στον κόσμο
σου, όπως μου ζήτησες.

ΜΑΙΡΗ

Καμιά φορά ο κόσμος μας χωράει σε μια στιγμή. Δώσε αξία
στη στιγμή, έστω... προσπάθησε.

ΤΖΑΚ
(σκεφτικός... παύση μεγάλη)

Λοιπόν... μέχρι τώρα ήξερα ότι η «τελευταία επιθυμία» είναι
δικαίωμα αυτού που πρόκειται να πεθάνει. Επιθυμούσα απλώς
την ησυχία μου πριν κάνω αυτό που ήθελα. Και εμφανίζεσαι
εσύ εδώ πάνω και όχι μόνο κάνεις σκουπίδι αυτή την
επιθυμία, αλλά μου ζητάς να πραγματοποιήσω μια δικιά σου.
Για να ζήσεις.

ΜΑΙΡΗ

Μη με αναγκάσεις να προσπαθήσω τώρα να βρω τρόπο να
αποδείξω ότι δεν το είχα προσχεδιάσει. Ήδη νιώθω
κουρασμένη. Τυχαία βρέθηκα εδώ και σε συνάντησα.
Σύμπτωση...

ΤΖΑΚ

Σε πιστεύω, Μαίρη... διαβολική σύμπτωση θα 'λεγα. Σαν από
ταινία...

ΜΑΙΡΗ

Διαβολική σίγουρα... καλά το είπες. Αλλά... πώς ξέρεις το
όνομά μου; Δε το ανέφερα καν τόση ώρα.

[48]

ΤΖΑΚ

Το ανέφερε το – ας πούμε –αφεντικό μου σε μια συζήτηση.
Για μια δουλειά που μου ανέθεσε.

ΜΑΙΡΗ
(έντονη απορία)

Άλλο πάλι και τούτο!! Και πού με ξέρει εμένα το αφεντικό
σου;

ΤΖΑΚ

Σε ξέρει Μαίρη... πρόκειται για τον... πατέρα σου... δυστυχώς.

ΜΑΙΡΗ
(Εμβρόντητη)

Τι;... δεν καταλαβαίνω... και γιατί δυστυχώς;

ΤΖΑΚ

Γιατί με πλήρωσε... να σε σκοτώσω.

(Μουσική. Τη σηκώνει από το καρότσι με τα χέρια του και
την πάει στο σημείο που καθόταν αυτός. Στην άκρη του
κράσπεδου. Η ΜΑΙΡΗ έχει παραλύσει από το φόβο και την
έκπληξη. Δεν αντιδρά καθόλου. Ακόμα και τα χέρια της
έχουν παραλύσει. Μόνο τον κοιτά με μάτια παγωμένα.)

(σκοτάδι)

Σκηνή 16

(Μπαίνει στο ασανσέρ ο ΔΗΜΟΣΙΟΓΡΑΦΟΣ)

ΔΗΜΟΣΙΟΓΡΑΦΟΣ

Στο Café, παρακαλώ.

ΤΟΜ

Μάλιστα. Σε καμιά ώρα κλείνει. Το γνωρίζετε υποθέτω, αλλά είμαι υποχρεωμένος να το λέω όταν κοντεύει η ώρα.

ΔΗΜΟΣΙΟΓΡΑΦΟΣ

Το ξέρω. Έχω ραντεβού με τον διευθυντή. Είμαι δημοσιογράφος και ήθελα να γράψω κάτι σχετικά με την επιχείρηση εδώ κλπ. Ξέρετε.

ΤΟΜ

Αλήθεια; Πάλι; Κάθε τόσο όλο και κάποιοι του σιναφιού σας έρχονται εδώ. Μια για να κάνουν ρεπορτάζ για τις νέες μόδες, μια για συνεντεύξεις από πελάτες, μια για διαφημίσεις μιας νέας φίρμας στα ρούχα. Έχετε και σεις τα τρεξίματά σας.

ΔΗΜΟΣΙΟΓΡΑΦΟΣ

Εγώ πιο πολύ για οικονομικά θέματα γράφω. Για ισολογισμούς, τζίρους, κέρδη, ζημιές, προοπτικές τέτοια.

ΤΟΜ

Είσαι και ανεξάρτητος ε;

ΔΗΜΟΣΙΟΓΡΑΦΟΣ

Φυσικά. Αμφιβάλετε; Γιατί ρωτάτε;

ΤΟΜ

Πώς να το πω... ας πούμε ότι ο κόσμος είναι σαν αυτό το ασανσέρ για π.χ. ε... αλλιώς μυρίζει σε έναν ψηλό και αλλιώς σε έναν νάνο αν ξεφύγει κάτι που δεν πρέπει. Καταλαβαίνετε...

ΔΗΜΟΣΙΟΓΡΑΦΟΣ

Όχι

ΤΟΜ

Θέλω να πω... εσείς για ποιον δουλεύετε; Για τους νάνους ή για τους ψηλούς; Αυτά που σας ξεφεύγουν... Εννοώ που γράφετε. Ποιους επηρεάζουν περισσότερο;

ΔΗΜΟΣΙΟΓΡΑΦΟΣ

Δουλεύω για μένα. Όπως εσύ για τον εαυτό σου. Όπως όλοι. Δεν καταλαβαίνω τι υπονοείς. Και βασικά δε μου φαίνεται και τόσο θετικό να κάνεις περίεργα σχόλια στον κόσμο που συναναστρέφεσαι από τη θέση που έχεις. Ίσως παραπονεθώ γι αυτό στο διευθυντή σου.

                            ΤΟΜ
Παρεξηγήσατε. Απλώς ήθελα να πω ότι η δουλειά σας απαιτεί να ακούτε τους πάντες. Από τους πιο μικρούς μέχρι τους πιο μεγάλους. Και αναρωτιόμουν αν σας φτάνει ο χρόνος για όλους. Ώστε να βγάλετε το ζουμί. Την αλήθεια.

                        ΔΗΜΟΣΙΟΓΡΑΦΟΣ
Άστο. Δεν το μαζεύεις τώρα. Έχε χάρη που έχω ξεκινήσει από τη μαύρη νύχτα το τρέξιμο και δεν έχω όρεξη για μανούρες.

                            ΤΟΜ
Το φαντάζομαι. Οι πληροφορίες είναι σημαντικές για όποιον τις μαθαίνει πρώτος. Τότε έχουν δύναμη. Το πρωινό πουλί τρώει το σκουλήκι, όπως λένε.

                        ΔΗΜΟΣΙΟΓΡΑΦΟΣ
Θα σου πω και κάτι άλλο που ξέρω εγώ όμως. Το δεύτερο ποντίκι τρώει το τυρί.

        (ανοίγει η πόρτα και βγαίνει. Ο ΤΟΜ πατάει [ΣΤΟΠ] και
                    μιλάει στο κοινό)

Όλοι εμείς είμαστε τα πρώτα ποντίκια σ αυτή τη ζωή.

            (κοιτάζει ανάμεσα στο κοινό ψάχνοντας)

Εκτός κι αν βρίσκεται κανένας δημοσιογράφος ανάμεσά μας. Αν ναι, θα παρακαλέσω τον υπεύθυνο του ταμείου, να του επιστρέψει τα χρήματα του εισιτηρίου του στην έξοδο. Όχι για να μην γράψει κάτι κακό για ότι είδε και άκουσε εδώ μέσα, αλλά για να μην γράψει τίποτα. Έχω πειστεί πια ότι δεν το κάνουν τυχαία. Να γράφουν δηλ. για πράγματα που δεν έχουν αξία και να σιωπούν για αυτά που πρέπει να μιλήσουν. Το έχουν στο αίμα τους. Εντάξει υπάρχουν και κάποιοι αγνοί. Ιδίως στην αρχή της καριέρας τους, όμως οι περισσότεροι, και ειδικά οι πιο διάσημοι, κρατούν την αλήθεια κρυμμένη στην πιο σκοτεινή τσέπη τους και την παζαρεύουν την κατάλληλη στιγμή προσδοκώντας προσωπικά

οφέλη. Όχι τόσο για χρήματα, αλλά κυρίως για δύναμη και
εξουσία σε διάφορα πεδία δράσης. Αυτή η ηδονή που μπορεί
να σου χαρίσει μια πληροφορία, αν την χρησιμοποιήσεις
σωστά, φαντάζομαι είναι ακαταμάχητη. Ποιος μπορεί να
αντισταθεί; Οι δημοσιογράφοι είναι μια ιδιαίτερη ράτσα
ανθρώπων. Μαζί με τους πολιτικούς, και τους δικαστικούς
αποτελούν την πιο ύποπτη παρέα για να κάνουν ζαβολιές στα
άλλα παιδάκια. Ή μάλλον… ποντικάκια. Αυτοί τοποθετούν το
τυράκι στην παγίδα μπροστά στη μύτη μας. Και μείς ορμάμε
τυφλοί από την πείνα μας.
Όμως, όλοι αυτοί που κυκλοφορούμε μέσα σ αυτό το κτήριο,
δεν είμαστε αθώοι. Όπως επίσης και όλοι όσοι κυκλοφορούν
εκτός κτηρίου. Ούτε και εγώ, φυσικά. Απλώς βρίσκομαι σε
σημείο – κομβικό – είπαμε, και έρχομαι σε επαφή με όλα
σχεδόν τα πρόσωπα του συγγραφέα
                    (κοιτάει επάνω)
Δεν το ζήτησα εγώ να ξέρετε. Φαντάζομαι ότι, γενικά, οι
περισσότεροι έχουμε βρεθεί σε σημεία που δεν θέλαμε σε
διάφορες φάσεις της ζωής μας. Και ποιος φταίει; Για σας ο
θεός, η τύχη, η κακιά στιγμή, ο γείτονας , ο δήμαρχος.
Για μένα όλα αυτά μπορούν να μπουν σε ένα πράγμα. Ο
συγγραφέας.

                    (δείχνει επάνω)

Όπως αυτός παίρνει την πένα του και με παίζει όπως θέλει,
έτσι και για σας. Μέσα στο κεφάλι σας υπάρχει μια πένα.
Κάθε στιγμή αποφασίζει και γράφει μια εντολή, μια
επιθυμία, και το σώμα ακολουθεί για τα υπόλοιπα. Καμιά
φορά η πένα δεν αρκείται να γράψει. Θέλει να ζωγραφίσει
κιόλας. Άλλοτε με χαρούμενα χρώματα και άλλες φορές-
μάλλον τις περισσότερες- με μουντά, σκοτεινά, και
λυπημένα μελάνια. Και πού; Στο πιο ευαίσθητο κομμάτι του
καμβά. Στην καρδιά.
Αλλά, αρκεί το κήρυγμα πάλι. Από τους δημοσιογράφους
φτάσαμε στις καρδιές. Ένα να θυμάστε. Οι μικρές αγγελίες
είναι οι μοναδικές αλήθειες που μπορεί να διαβάσει
κάποιος σε μια εφημερίδα.
Το ωραίο είναι ότι το έχει πει δημοσιογράφος.

(Πάλι στο τμήμα με τον απαιτητικό ΠΕΛΑΤΗ (ΣΕΡ). Υπάρχει
ήδη μια στοίβα με πουκάμισα πάνω στο τραπέζι. Ο ΠΩΛΗΤΗΣ
φαίνεται ότι χρησιμοποιεί τις τελευταίες του δυνάμεις στη
μάχη. Μιλάει πάντα ευγενικά αν και το πρόσωπό του δείχνει
άνθρωπο που βουλιάζει σε κινούμενη άμμο. Κάθε κίνηση κάθε
λέξη τον βυθίζει όλο και πιο κάτω.)

                              ΣΕΡ
Αυτό μάλιστα. Είναι σχεδόν όπως το θέλω.

        (ψήγματα αισιοδοξίας από υπάλληλο ότι τελειώνει)
όμως...

                            ΠΩΛΗΤΗΣ
  ...όμως;

                              ΣΕΡ
Να εδώ το μανίκι.

                            ΠΕΛΑΤΗΣ
Τι το μανίκι;

                              ΣΕΡ
Δεν παρατηρείτε τίποτα;

                            ΠΩΛΗΤΗΣ
Συγνώμη, αλλά η εμπειρία μου δεν μπορεί να συναγωνιστεί
τη δικιά σας.

                              ΣΕΡ
Εδώ, στον καρπό. Είναι στενή η γραμμή του και το ράψιμό
του. Θα εμποδίζει να βλέπω με άνεση το ρολόι μου. Ένας
τζέντλεμαν δεν χρησιμοποιεί και το άλλο χέρι για να δει
το ρολόι του. Με μια απλή κίνηση πρέπει να αναδύεται στην
επιφάνεια χωρίς να το εμποδίζει τίποτα. Ένα ακατάλληλο
μανίκι μπορεί να δημιουργήσει τέτοιο θέμα από το πουθενά
αν δεν έχεις προνοήσει.

                            ΠΩΛΗΤΗΣ
Θέμα με την ανάδυση του ωρολογίου στην κοινή θέα;

                              ΣΕΡ
Ακριβώς. Όμως μη στενοχωριέσαι που δεν το σκέφτηκες. Αυτά
είναι λεπτομέρειες που γίνονται αντιληπτές στην υψηλή
κοινωνία όπου συνήθως συναναστρέφομαι. Μη νιώθεις ενοχές.
Το αντίθετο. Αυτή τη γνώση μπορείς να τη χρησιμοποιήσεις

                              [53]

στο μέλλον σε άλλους αξιοσέβαστους πελάτες οι οποίοι θα
εκτιμήσουν την ικανότητα και την παρατηρητικότητα σου.

ΠΩΛΗΤΗΣ

Μα πώς μου ξέφυγε κάτι τέτοιο; Δεν μπορώ να το χωνέψω.
Τέρμα, είμαι αδικαιολόγητος. Δεν σας αξίζω να σας
εξυπηρετώ. Θα φωνάξω κάποιον άλλον. Πιστέψτε με όμως. Δεν
είχα καν φανταστεί ότι υπάρχει και αυτή η λεπτομέρεια
στην επιλογή ενός πουκάμισου. Μην αναφέρετε αυτή την
αστοχία μου παρακαλώ στο σημείωμά σας προς τη διεύθυνση.

ΣΕΡ

Μην ανησυχείτε. Το αντίθετο. Θα ζητήσω να με εξυπηρετείτε
μόνο εσείς όταν έρχομαι εδώ. Τι σας λέει αυτό;

ΠΩΛΗΤΗΣ
(Αποκαμωμένος)
Ότι πρέπει να αγοράσω παλούκια.

ΣΕΡ

Παλούκια; Τι παλούκια;

ΠΩΛΗΤΗΣ

Εεε… παλούκια για τα σύνορα. Όχι της υπομονής που λέγατε.
Εννοώ παλούκια για να χαράξω τα νέα σύνορα γνώσης που έχω
να μάθω ακόμα σχετικά με τη δουλειά αυτή.

ΣΕΡ

Η γνώση δεν τελειώνει ποτέ, αγαπητέ. Και εγώ ακόμα νιώθω
ώρες- ώρες ότι ξέρω τόσα λίγα. Δε σας κρύβω ότι υπάρχουν
στιγμές που ό,τι και να βάλω, νομίζω ότι κυκλοφορώ σαν
παλιάτσος. Όμως δεν το βάζω κάτω. Ό,τι μόδα, ό,τι τάση
κυκλοφορεί, ό,τι πρέπει να φοράει ένας καθώς πρέπει
κύριος, φροντίζω να το μαθαίνω εγκαίρως. Δυστυχώς, όμως,
οι περισσότεροι υπάλληλοι είναι αστοιχείωτοι και
ανημέρωτοι. Κοιτάνε να σου πασάρουν ό,τι ακατάλληλο και
άχρηστο έχουν στα ράφια τους και να σε διώξουν. Ευτυχώς
όμως υπάρχουν και εξαιρέσεις.
Για δείξε μου τώρα εκείνο εκεί. Εκείνο στο χρώμα του
παντζαριού.

Σκηνή 18

(Το ΚΛΕΦΤΡΟΝΙ πλησιάζει στο πόστο της ΝΕΜΙΑ. Φοράει το παλτό, που έκλεψε από την πωλήτρια που άφησε αναίσθητη στο δοκιμαστήριο. Έτσι κρύβει και το τραύμα που του έχει καταφέρει και η πρώτη γυναίκα που της επιτέθηκε. Δείχνει εξασθενημένος. Το τραύμα του είναι πιο σοβαρό απ'ότι του φάνηκε στην αρχή.)

ΝΕΜΙΑ

Α, γεια σας.Θα θέλατε να σας βοηθήσω σε κάτι; Ψάχνετε τίποτα ιδιαίτερο; Είμαι στη διαθεσή σας.

ΚΛΕΦΤΡΟΝΙ
(Διστακτικά)

Όχι, ευχαριστώ… ε… νομίζω, έχω χαθεί. Χρησιμοποίησα τις σκάλες και δεν έχω καταλάβει πού βρίσκομαι. Κοντά στο ισόγειο ίσως; Η έξοδος είναι κοντά;

ΝΕΜΙΑ

Περίπου στη μέση. Στον 19 είστε. Είδη δώρων, παιχνίδια, στολίδια, τέτοια. Όμως… δεν σας βλέπω πολύ… θέλετε να καλέσω κάποιον; Μόνος σας είστε ή σας συνοδεύει η …

ΚΛΕΦΤΡΟΝΙ

Όχι. Δεν υπάρχει λόγος ανησυχίας. Λίγο κουρασμένος μόνο. Ίσως δεν έπρεπε να βγω, η αλήθεια είναι, από το σπίτι μου σήμερα. Είχα λίγο πυρετό τις τελευταίες μέρες και νόμισα ότι το ξεπέρασα. Αλλά φαίνεται ότι μάλλον βιάστηκα.

ΝΕΜΙΑ

Παρόλα αυτά, αν θέλετε, μπορώ να σας πάω στο ασανσέρ και να κατεβείτε εύκολα. Είναι στην άκρη του ορόφου. Αλλά είναι τόσο μεγάλοι οι χώροι που καμιά φορά δυσκολεύεται ο εντοπισμός τους από τους πελάτες.

ΚΛΕΦΤΡΟΝΙ

Σας είπα όχι… προτιμώ από τις σκάλες. Εξάλλου, για να είμαι ειλικρινής τα φοβάμαι τα ασανσέρ. Είμαι λίγο κλειστοφοβικός. Θα τα καταφέρω. Δεν χρειάζεται να ειδοποιήσετε κανέναν.

[55]

NEMIA

Όπως θέλετε... ωραίο παλτό επιλέξατε, βλέπω. Ξεχάσατε να κόψετε το ταμπελάκι μόνο. Σας το πρότεινε η Ρόζα ή το διαλέξατε εσείς;

ΚΛΕΦΤΡΟΝΙ

Ποια Ρόζα;

NEMIA

Η κοπέλα στο τμήμα με τα παλτά. Δυο ορόφους πιο πάνω. Είμαστε φίλες. Αυτή δε σας εξυπηρέτησε; Μια μελαχρινή.

ΚΛΕΦΤΡΟΝΙ

Α... συγνώμη... δεν ήξερα πώς την λένε. Ναι μάλλον αυτή ήταν. Ευγενέστατη.

NEMIA
(Παύση. Αρχίζει να γίνεται καχύποπτη)

Θα... πρέπει να βιαζόσασταν. Ούτε στη σακούλα δε σας το έβαλε.

ΚΛΕΦΤΡΟΝΙ

Ναι. Έχω αργήσει πολύ. Δεν χρειαζόταν. Έχω και αυτή τη ζαλάδα. Πρέπει να φύγω τώρα. Σας ευχαριστώ.

NEMIA

Είναι γυναικείο το σχέδιο, πάντως. Παράξενο που σας το πρότεινε.

ΚΛΕΦΤΡΟΝΙ

Για τη γυναίκα μου το διάλεξα. Έχουμε ίδιο ύψος και το δοκίμασα πάνω μου. Και επειδή κάνει και ψύχρα το άφησα πάνω μου.

NEMIA

Και το δικό σας;

ΚΛΕΦΤΡΟΝΙ

Ποιο δικό μου;

NEMIA

Παλτό. Βγήκατε, άρρωστος σχεδόν, χωρίς παλτό από το σπίτι; Αποκλείεται. Μάλλον θα το ξεχάσατε στο δοκιμαστήριο.

ΚΛΕΦΤΡΟΝΙ

Ωωωω... ναι. Τώρα που το λέτε... θα επιστρέψω να το πάρω τώρα αμέσως.

ΝΕΜΙΑ

Μα... μια στιγμή.

(πλησιάζει)

καινούργιο παλτό και έχει τέτοιο λεκέ;
(δείχνει με το χέρι της. Υπάρχει κηλίδα μεγάλη στο πλάι)

Μα τι είναι;... κόκκινο;... μοιάζει με...

ΚΛΕΦΤΡΟΝΙ

(Γυρίζει απότομα και εξαφανίζεται τρέχοντας)

ΝΕΜΙΑ

(Έχει παγώσει. Συνειδητοποιεί την κατάσταση)

...αίμα!

(φωνάζει κοιτάζοντας προς τα πάνω)

Ρόζαααα... Ρόζααα...
(Τρέχει προς τον όροφο που βρίσκεται η φίλη της)

(φώτα)

Σκηνή 19

(Στην ταράτσα. Η ΜΑΙΡΗ είναι τοποθετημένη στην άκρη του τοιχίου από τον ΤΖΑΚ. Καπνίζουν. Η ΜΑΙΡΗ δείχνει παραδομένη σ´αυτή την εξέλιξη. Νιώθει ότι βρίσκεται κοντά σε ένα τέλος.)

ΜΑΙΡΗ
Τι περιμένεις λοιπόν; Σπρώξε με να τελειώνουμε. Διαφορετικά, ίσως αρχίσω να φωνάζω. Τελείωνε τη δουλειά.

ΤΖΑΚ
Πώς σου φαίνεται αυτή η θέση; Είναι αυτή που βρισκόμουν εγώ πριν από λίγη ώρα.

ΜΑΙΡΗ
(κοιτάζει το κενό στον ορίζοντα)

Θα σε απογοητεύσω. Δεν πρόκειται να με ακούσεις να σε παρακαλάω. Μη σου πω ότι… νιώθω πιο ζωντανή εδώ, παρά όσο ήμουν πάνω στο καρότσι μου. Υποθέτω, λόγω του ότι είναι οι τελευταίες μου στιγμές.

ΤΖΑΚ
Υποθέτεις;

ΜΑΙΡΗ
Σωστά. Δεν υποθέτω. Σίγουρα είναι οι τελευταίες.

ΤΖΑΚ
Σίγουρα;

ΜΑΙΡΗ
Άκου μαλάκα μου. Το παιχνίδι που έπαιξες, τελείωσε. Βαρέθηκα. Κάνε τη δουλειά που πληρώθηκες και φύγε.

ΤΖΑΚ
Δε θες να μάθεις γιατί;

ΜΑΙΡΗ
Τα γιατί όταν τα μαθαίνεις κάνουν τα πράγματα πιο θλιβερά. Ήδη είναι αρκετά σκοτεινός ο κόσμος μου. Ίσως φαντάζομαι, αλλά δεν με ενδιαφέρουν οι λεπτομέρειες. Στο είπα και πριν. Δεν μπορεί κάποιος να πεθάνει δυο φορές. Θα με γλιτώσεις από το να σπρώχνω δυο ρόδες μερικά χρόνια ακόμα. Η αλήθεια είναι ότι θα στενοχωρηθώ για μερικές καλές ταινίες που δεν πρόλαβα να δω.

[58]

ΤΖΑΚ

Γιατί δεν φωνάζεις για βοήθεια; Δεν πρόκειται να σε
εμποδίσω. Εντάξει... δύσκολα να ακούσει κάποιος τόσο ψηλά
μια φωνή, όσο δυνατή κι αν είναι. Δεν θα προλάβει η λέξη
«βοήθεια» να φτάσει ούτε στα πέντε μέτρα απ'τα χείλη σου.
Ο αέρας θα την πάρει μαζί του. Τα τζάμια ούτε που
ανοίγουν σχεδόν. Πόσο μάλλον τώρα που πλησιάζει και
μπόρα.

(κοιτάζει ψηλά και προς τον ορίζοντα)

Υπάρχουν πολλά πλην. Θα περίμενε κανείς, όμως, να
προσπαθήσεις.

ΜΑΙΡΗ

Θα περίμενε επίσης και από σένα να πηδήξεις – επιτέλους –
κάποια στιγμή από μια ταράτσα και να απαλλάξεις τον κόσμο
– που και καλά δεν τον γουστάρεις- Αντί αυτού, το μυαλό
σου δείχνει να δουλεύει μια χαρά και να στροφάρει άνω του
μέσου όρου. Προφανώς ένας ακόμα ψευτάκος εμφανίστηκε στο
προσκήνιο για να κάνει μια δουλίτσα. Οκ, το έφαγα.
Έπαιξες καλά.

ΤΖΑΚ
(Αρχίζει και χάνει την ψυχραιμία του. Η ένταση ανεβαίνει)

Μαθήματα ειλικρίνειας, δε σε παίρνει. "Θέλω να ζήσω για
πάντα", "επιβίωση", "Γύρισε ο διακόπτης" και μαλακίες.
Νόμιζες ότι δεν θα καταλάβαινα τα δικά σου ψέματα. Ούτε
να ζεις γουστάρεις, ούτε τι θα καταλήξεις σ' ενδιαφέρει.
Γι αυτό δεν φωνάζεις για βοήθεια. Ποτέ δε βγήκε από το
μυαλό σου να ξαναπέσεις στις ρόδες ενός φορτηγού ή να
κόψεις τις φλέβες σου ή να σπάσεις μια λάμπα στο στόμα
σου και να σνιφάρεις υδράργυρο. Το απέδειξες.

(πιο έντονα ακόμα.)
Αυτά ψάχνεις στις ταινίες. Τρόπους για να την κάνεις.

ΜΑΙΡΗ
(κατακόκκινη από οργή και απόγνωση μαζί.)

Πιο αηδιαστικό και οδυνηρό είναι να ακούω τις
φαντασιώσεις και τις μαλακίες που λες παρά να νιώσω το
κεφάλι μου να θρυμματίζεται στην άσφαλτο. Είσαι ένα
τσογλάνι που μπορεί να πουληθεί για οτιδήποτε.

(τον κοιτάζει και τον προκαλεί. Η ένταση είναι εμφανής.
Οι φλέβες της έχουν διογκωθεί από θυμό)

Ακόμα και να σκοτώσει έναν άνθρωπο που δεν μπορεί να
αντισταθεί. Μέχρι εκεί μπορείς. Αν μπορούσα να σταθώ στα
πόδια μου, βάζω στοίχημα ότι θα τραύλιζες από τη δειλία
σου να κάνεις αυτό που σε πλήρωσαν. Θέλουν κότσια αυτά,
γελοίε.

                          ΤΖΑΚ
Βούλωσέ το, ηλίθια... σκάσε γιατί...

(τη βουτάει από τους ώμους και τη μισοσπρώχνει στο κενό.
Από μια κλωστή κρέμεται η ισορροπία του σώματός της πια).

                          ΜΑΙΡΗ
(Τώρα πια φωνάζει και τα λόγια της ανακατεύονται με το
κλάμα της)

Δεν μπορείς. Κάνε το, αν είσαι άντρας. Ξεφτιλισμένε.
Άφησέ με, λοιπόν. Εκεί. Κάτω, στο χώμα, σου αξίζει να
ζεις. Μέσα στις τρύπες, μαζί με τα άλλα σκουλήκια.... Μαζί...
μαζί με τον πατέρα μου.

                          ΤΖΑΚ
Γι αυτό θες να πεθάνεις. Γιατί δεν είναι πατέρας σου
αυτός. Γιατί δεν ήσουν ποτέ κόρη του. Γι αυτό θέλει να σε
σκοτώσει. Για να κληρονομήσει τα πάντα το αληθινό του
παιδί.

                          ΜΑΙΡΗ
(Κλαίει απελπισμένα πια. Στο ορίζοντα ακούγονται
μπουμπουνητά και αστραπές από την καταιγίδα που
πλησιάζει)

Πάψεεεεε... πεταξέ με....σε παρακαλώωω...

                          ΤΖΑΚ
(Την τραβάει πίσω και την κρατάει γερά στα χέρια του. Η
ομιλία του τώρα είναι πιο ήπια)
Όχι, Μαίρη... δε θα σε πετάξω. Αυτό μου ζητήθηκε, αλλά δε
θα το κάνω.

                          ΜΑΙΡΗ
(Ζαλισμένη. Δεν μπορεί να καταλάβει τι γίνεται πια)

Τι λες; Γιατί... τι εννοείς;

                          ΤΖΑΚ
Γιατί αυτόν τον άνθρωπο τον μισώ όσο και σύ!

MAIPH

Και γιατί τον μισείς και συ; Τι σου έκανε; Δε μπορώ να
καταλάβω...

TZAK

Με έφερε στον κόσμο, Μαίρη. Είμαι ο γιός του. Από άλλο
γάμο. Και συ ,η κόρη της γυναίκας του από τον πρώτο της
γάμο. Η περιουσία όμως είναι τεράστια. Και αν την ήθελα,
θα έπρεπε να βγεις απ τη μέση είπε. Με κάποιο ατύχημα, ή
με μια πράξη απελπισίας πάλι. Μαίρη... τα χαρτιά λένε ότι
είμαστε αδέρφια.

MAIPH

(σα χαμένη. Προσπαθεί να βάλει τα πράγματα σε μια σειρά)

Τα χαρτιά;

TZAK

Ναι...

MAIPH

Και συ τι λες;

TZAK

Εγώ;...

MAIPH

Ναι.

TZAK

Εγώ λέω ότι εξακολουθώ να θέλω να σκοτώσω.

(παύση)

Αλλά όχι εσένα, Μαίρη.

(σκοτάδι)

Σκηνή 20

(ΚΑΠΟΙΟ ΠΡΟΣΩΠΟ)

(Προς το κοινό. Μοιάζει με μια παρένθεση σε όλο αυτό που συμβαίνει. Μια απόπειρα ενδοσκόπησης του περίγυρού μας, της ζωής μας, και του κόσμου που ζούμε. Μια ματιά από απόσταση των ανθρώπων αυτού του κτηρίου που μπορεί κομμάτια τους να ζούνε μέσα μας. Ακούγεται μουσική χαμηλή)

...όλα κυλούν βάση σχεδίου, λένε μερικοί. Άλλοι, πάλι, πιστεύουν στην τύχη. «αν είναι τυχερό» λένε ή «αν έχεις τύχη διάβαινε» , « καλύτερα ένα γραμμάριο τύχη παρά ένα τόνο σοφία». Άλλοι προγραμματίζουν κάθε βήμα της ζωής τους και άλλοι τα αφήνουν όλα να τα πάει το κύμα όπου θέλει.

Άλλοι θέλουν τον έλεγχο και άλλοι αγαπούν το απροσδόκητο.

Άλλοι και τα δύο σε διαφορετικές δόσεις.

Ο καθένας ονειρεύεται έναν δικό του κόσμο.
Μια βόλτα. Μερικούς γύρους με το Καρουζέλ. Πάνω σε ένα αλογάκι, με αποστάσεις ασφαλείας από τους διπλανούς της παρέας.

Πάνω σε μια βάρκα που γλιστράει στο ποτάμι, όπου όλοι πρέπει να συνεργαστούν για να μην πνιγούν.

Άλλος σε ένα μοναστήρι, όπου όλοι πρέπει να λατρεύουν τον ίδιο θεό.

Άλλος χαμένος σε ένα ερημονήσι. Ελεύθερος, αλλά δεμένος με τα σχοινιά της μοναξιάς.

Άλλος επιπλέοντας ανάμεσα σε χιλιάδες ανθρώπους και ευκαιρίες κάποιας σπουδαίας πολιτείας.

Άλλος βοηθώντας ένα αποστεωμένο παιδί σε κάποιο ξεχασμένο από το θεό τόπο, να φάει την τελευταία του μπουκιά.

Σκοτώνοντας έναν άγνωστο σε κάποια μάχη για την ελευθερία ή την υποταγή. Αναλόγως των διαταγών.

Ένας άλλος απολαμβάνοντας την ξάπλα ανάμεσα στα χορτάρια ενός λιβαδιού που δεν ανήκει σε κανέναν. Ακουμπώντας ένα σώμα που να του θυμίζει ότι είναι ζωντανός.

Μια πεταλούδα που κάθεται στο μέτωπο.

Ή ένας λεκές από μια πληγή που δεν κλείνει ποτέ.
Με κλειστά μάτια βλέπουμε τα πάντα, και άλλοτε με ανοιχτά σχεδόν τίποτα.

Όμως ... υπάρχει μόνο ένας κόσμος. Ένας μόνο ήλιος για όλους.

Ίσως μόνο ένας θεός ή ίσως ένα τίποτα.
Θα πάρει χιλιάδες χρόνια να το κατανοήσουμε.
Μέχρι τότε, μερικά πράγματα θα γίνονται όπως τα έχουμε προγραμματίσει, αποδεικνύοντας ότι «ήταν το τυχερό», και

μερικά, θα γίνονται τυχαία, ώστε να μας αναγκάσουν να πούμε «ήταν μοιραίο».

Και στο τέλος αυτό που μένει μια απορία.

Αξίζαμε να εμφανιστούμε πάνω στη σκηνή της ζωής; Το κάναμε να αξίζει; Χαλάσαμε ή σώσαμε κάτι ή κάποιον;

(ανάβει ένα σπίρτο)

Είμαστε το σπίρτο που ζέστανε ή που έκαψε; Όλοι μας κατοικούμε στο ίδιο σπιρτόκουτο ωστόσο.

Και το μόνο σίγουρο είναι… ότι με το φως που θα βγει από τη φλόγα μας, αυτό που θα φανεί στο τέλος… είναι η αλήθεια. Ο μόνος θεός από όπου δεν μπορούμε να κρυφτούμε.

(το σπίρτο πέφτει στο έδαφος)

(σκοτάδι)

ΤΕΛΟΣ ΠΡΩΤΗΣ ΠΡΑΞΗΣ

ΠΡΑΞΗ ΔΕΥΤΕΡΗ

Σκηνή 1

(Στην ταράτσα. Η ΜΑΙΡΗ κάθεται ακόμα στο τοιχίο με τα πόδια της να κρέμονται στο κενό. Δίπλα της ο ΤΖΑΚ στην ίδια στάση. Ίσως καπνίζουν...)

ΜΑΙΡΗ

...Αφού με ήξερες, γιατί δεν τα έλεγες από την αρχή, παρά με έπαιζες όπως η γάτα το ποντίκι;

ΤΖΑΚ

Γιατί δεν είχα αποφασίσει ακόμα τι να κάνω με σένα. Σε παρακολουθώ καιρό και ξέρω λίγο πολύ πού συχνάζεις. Ο - ούτε τη λέξη δεν θέλω να αναφέρω-ο κατά περίσταση κοινός μας πατέρας- μου το ξεκαθάρισε. Μόνο σε μένα ήταν διατεθειμένος να αφήσει την περιουσία του. Όμως, νομικά, έχεις και εσύ δικαιώματα. Δεν σε θεώρησε ποτέ δική του κόρη. Παντρεύτηκε τη μητέρα σου επειδή είχε και αυτή αρκετή οικονομική δύναμη. Κυρίως, όμως, επειδή είχε κύρος και χρήσιμες γνωριμίες. Όσο τουλάχιστον δεν είχε αρχίσει το ποτό και γίνει αλκοολική.

ΜΑΙΡΗ

Το ότι ποτέ δεν με είδε σαν κόρη του, το ξέρω. Πόσο μάλλον και να με αγαπήσει. Όμως στήριξε οικονομικά τη θεραπεία μου και ό,τι χρειάστηκε κατά τους έξι μήνες της νοσηλείας μου. Γιατί να φτάσει τώρα να θέλει να με - βγάλει απ' τη μέση- και μάλιστα να χρησιμοποιήσει εσένα... Πώς φαντάστηκε ότι θα δεχτείς κάτι τέτοιο;

ΤΖΑΚ

Είναι περισσότερο αδίστακτος απ' όσο πιστεύεις. Το να σε φροντίσει επί έξι μήνες στη θεραπεία σου μετά την απόπειρα που έκανες – δυστυχώς ανεπιτυχώς γι αυτόν- ήταν το καλύτερο άλλοθι, που θα χρειαζόταν αργότερα για να αποδείξει την αγάπη του για σένα αν τον υποψιάζονταν. Πόνταρε σε μένα για να μην μπορεί να τον εκβιάσει στο μέλλον κάποιος ξένος που θα αναλάμβανε τη δουλειά. Ήξερε το τρωτό μου σημείο και το κατάλληλο κίνητρο για να μη μιλήσω μετά. Δύσκολα θα αρνιόμουν.

ΜΑΙΡΗ

Γιατί δύσκολα; Τόση εξάρτηση έχεις απ' αυτόν;

ΤΖΑΚ

Από αυτόν όχι. Από...
(με ενοχή)
ουσίες έχω. Και μάλιστα από τις χειρότερες και πιο δυνατές που κυκλοφορούν στην πιάτσα. Δεν αναρωτιέσαι

γιατί δεν με γνώρισες ποτέ; Γιατί ήμουν εξαφανισμένος
τόσα χρόνια; Γιατί δεν υπάρχει ούτε μια φωτογραφία μου;

MAIPH

Ήξερα ότι είχε ένα γιο. Αλλά μας είχε πει ότι είχες
τραβήξει διαφορετικό δρόμο και είχες αφιερώσει τη ζωή σου
σε ανθρωπιστικές αποστολές σε τριτοκοσμικές χώρες. Ότι
δεν σε ενδιέφερε να επιστρέψεις πίσω, ότι δεν ήθελες να
έχεις σχέση με κάθε τι που είναι υπεύθυνο για τη φτώχεια
και τη δυστυχία των λαών που βοηθάει. Τέτοια πράγματα...
δεν φαντάστηκα...

TZAK

Στο είπα, είναι αδίστακτος. Εγώ δεν ήμουν σε θέση να
βοηθήσω τον εαυτό μου. Πόσο μάλλον αυτούς τους ανθρώπους
κι ολόκληρους λαούς. Με είχε σε απόσταση και μπαινόβγαινα
σε κλινικές αποτοξίνωσης. Όμως ακόμα έχω πρόβλημα. Όταν
στεγνώνω από λεφτά, μπορώ να υποσχεθώ τα πάντα. Να κάνω
ό,τι χειρότερο μπορείς να σκεφτείς. Αρκεί να μπορώ να
αγοράσω αυτό που χρειάζομαι. Σε μια τέτοια στιγμή πάτησε.
Όμως δεν μπορούσα, Μαίρη. Προσπάθησα να σταματήσω τον
εαυτό μου δίνοντας ένα τέλος οριστικό απ όλα αυτά.
Σιχάθηκα αυτό που έχω γίνει. Ήθελα απόψε να... πριν η
αυριανή μέρα με βρει ξανά στο μηδέν. Απόψε... που είχα
ακόμα τα μυαλά μου στη θέση τους – αν υπάρχει ακόμα
τέτοιος χώρος στο κεφάλι μου. Αλλά ... εμφανίστηκες εκεί
που δεν σε περίμενα. Είχα μπροστά μου και το πρόβλημα και
τη λύση. Το μόνο που χρειαζόταν...

MAIPH

Να συμπληρώσεις κάτω από το πρόβλημα τη λύση και να
παραδώσεις την εργασία σου.

TZAK

Η λύση θα είχε δοθεί αν δεν εμφανιζόσουν εδώ πάνω. Το
είχα πάρει απόφαση μπαίνοντας σ' αυτό το κτήριο. Όταν σε
είδα στο ΚΑΦΕ, άρχισα να κλονίζομαι. Ανέβηκα γρήγορα εδώ
αλλά... η δειλία εμφανίστηκε πριν από σένα. Είχες δίκιο.
Ένας δειλός είμαι.

MAIPH

Έτσι είπα, ναι. Όμως – ΤΖΑΚ – έτσι θα σε λέω. Το
κέρδισες. Αναρωτιέμαι τώρα, αν ένας δειλός θα έλεγε όλα
αυτά τα πράγματα χωρίς να φοβάται μπροστά σε ένα υποψήφιο
θύμα του.

TZAK

Όχι. Είμαι ένα δειλό πρεζάκι. Αύριο θα είμαι κάποιος
άλλος. Δε θα με αναγνωρίζεις. Μπορεί να σου κάνω κακό. Θα
φύγω απόψε κιόλας. Θα πάω να τον βρω πρώτα, όμως. Για
τελευταία φορά. Ο κύκλος θα κλείσει.

MAIΡH

Κανένας κύκλος δεν πρόκειται να κλείσει. Τώρα είμαστε
δύο. Θα σε βοηθήσω να σκεφτείς αλλιώς. Όχι σχήματα. Μόνο
ευθείες που πηγαίνουν μπροστά, Τζακ.

ΤΖΑΚ

Πώς αλλιώς;

MAIΡH

Να μη σκέφτεσαι σα θύμα, μαλάκα αδερφέ.

ΤΖΑΚ

Και εγώ;... τι μπορώ να κάνω για σένα; Εκτός από
επικίνδυνος όταν με πιάνει η έλλειψη, είμαι και άχρηστος.

MAIΡH
(Με ενθουσιασμό)

Θα σπρώχνεις το καρότσι μου, μεγάλε πράκτορα ΤΖΑΚ ΡΑΙΑΝ.
Θα ξεκινήσουμε αύριο από το πάρκο. Και μαζί θα βρούμε
όλες τις λύσεις. Υποσχέσου το.

ΤΖΑΚ

Αυτό μόνο;

MAIΡH

Και, για ένα διάστημα, θα σουλατσάρουμε μόνο σε υψόμετρο
μηδέν. Μέχρι η εξάρτησή σου να κατέβει κι αυτή στο μηδέν.

ΤΖΑΚ

Δύσκολο.

MAIΡH

Δύσκολο; Δοκίμασε να ζήσεις, έστω ένα μήνα, πάνω σε ένα
τέτοιο καρότσι.

(Εμφανίζεται ο ΑΣΤΥΝΟΜΙΚΟΣ)

ΑΣΤΥΝΟΜΙΚΟΣ

Ε... εσύ εκεί.
(ο ΤΖΑΚ γυρνάει το βλέμμα του προς αυτόν) ακίνητος.

ΤΖΑΚ
(Έκπληκτος)

Τι συμβαίνει;

ΜΑΙΡΗ
Τι τρέχει; Γιατί τον σημαδεύεις;

ΑΣΤΥΝΟΜΙΚΟΣ
Από την περιγραφή που έχουμε, μοιάζεις πολύ στο κλεφτρόνι που ρημάζει τα τμήματα τις τελευταίες μέρες.

ΤΖΑΚ
Τι περιγραφή; Τι λες; Κατέβασε το όπλο σου.

ΑΣΤΥΝΟΜΙΚΟΣ
Πάμε, ήσυχα και ωραία, κάτω να κάνουμε εξακρίβωση και αν δεν έχεις κάνει τίποτα, δεν χρειάζεται να φοβάσαι.

ΜΑΙΡΗ
Κάνεις λάθος. Δεν έχει καμιά σχέση με αυτόν που ψάχνεις.

ΑΣΤΥΝΟΜΙΚΟΣ
Τον κατάλαβαν στον ασανσέρ. Έδωσαν την περιγραφή του. Τον ψάχνουμε σε όλο το κτήριο. Απ ότι φαίνεται βρήκε καταφύγιο εδώ πάνω.

ΜΑΙΡΗ
Ο Τομ έδωσε περιγραφή που αντιστοιχεί σ' αυτόν τον άνθρωπο; Αποκλείεται. Δεν θα έλεγε τέτοιο ψέμα ποτέ απ' το λίγο που τον ξέρω.

ΑΣΤΥΝΟΜΙΚΟΣ
Ώστε τον ξέρεις. Άρα συμφωνούμε ότι δεν θα έλεγε ψέματα. Υπέδειξε, λοιπόν, άτομο με αυτά τα χαρακτηριστικά και ρούχα όπως του φίλου σου. Άλλωστε, τι γυρεύει εδώ πάνω εκτός από το να κρυφτεί; Απαγορεύεται για όλους, εκτός του αφεντικού και στους έχοντες κάποια εργασία. Αυτό το ερώτημα απευθύνεται και σε σας δεσποινίς, επίσης. Οι κανονικοί πελάτες δεν έχουν λόγο να έρχονται εδώ.

ΤΖΑΚ
(Ενώ μιλάει πλησιάζει σιγά – σιγά. Η ψυχολογία του αρχίζει να κλονίζεται πάλι και το στερητικό σύνδρομο αρχίζει να εμφανίζεται και να υπονομεύει τη σκέψη του κάτω από την πίεση της στιγμής.)

Ακουσέ με. Κάνεις λάθος, σου λέω. Δεν πειράξαμε κανέναν. Ούτε κλέψαμε τίποτα. Ψάξε με. Δεν έχω τίποτα πάνω μου. Ούτε καν χρήματα.

ΑΣΤΥΝΟΜΙΚΟΣ
Γιατί βρίσκεσαι εδώ πάνω; Τέρμα τα λόγια. Έλα ήσυχα μαζί μου κάτω χωρίς άλλες κουβέντες. Φόρα τις χειροπέδες μόνος σου.

(του πετάει τις χειροπέδες)

ΜΑΙΡΗ

Τότε πρέπει να πάρεις και μένα. Είμαι μάρτυρας ότι είναι άσχετος με την ερευνά σου.

ΑΣΤΥΝΟΜΙΚΟΣ

Μπορεί να είσαι μάρτυρας, μπορεί και συνεργάτης. Ίσως είσαι και μια χαρά στην υγεία σου. Το καρότσι είναι σούπερ κάλυψη απ' ότι λέει η εμπειρία μου. Απομακρύνει υποψίες και γίνονται ευκολότερα οι δουλειές... προχωράτε και οι δύο.

ΜΑΙΡΗ

Η δικιά μου εμπειρία λέει ότι είσαι ένας κόπανος ολκής.

ΑΣΤΥΝΟΜΙΚΟΣ

Βρίζουμε κιόλας ε; όσο πάτε και το σιγουρεύετε.

(ο ΤΖΑΚ σπρώχνει το καρότσι προς τον ΑΣΤΥΝΟΜΙΚΟ και ταυτόχρονα βρίσκει την ευκαιρία να του επιτεθεί για να του πάρει το όπλο. Ακολουθεί πάλη. Ο ΑΣΤΥΝΟΜΙΚΟΣ γλιστράει χτυπάει το κεφάλι του και μένει αναίσθητος. Το όπλο περνάει στα χέρια του ΤΖΑΚ, το πρόσωπο του οποίου είναι γεμάτο έξαψη από την πάλη και την ένταση. Η σκοτεινή πλευρά του πασχίζει να βγει μπροστά αλλά αυτός δείχνει να αντιστέκεται)

ΜΑΙΡΗ

Είσαι καλά;

ΤΖΑΚ

Απ' αυτόν λίγο καλύτερα.

ΜΑΙΡΗ

Άφησε το όπλο κάτω, σε παρακαλώ. Δεν μου αρέσουν αυτά.

ΤΖΑΚ

Δεν έχω σκοπό να το χρησιμοποιήσω πάνω του.

(πάει κοντά στον αναίσθητο ΑΣΤΥΝΟΜΙΚΟ και διαπιστώνει ότι αναπνέει ακόμα)

Ζωντανός είναι.

ΜΑΙΡΗ

Πρέπει να ειδοποιήσουμε για βοήθεια όμως. Είναι ζωντανός αλλά δεν ξέρουμε αν έχει χτυπήσει σοβαρά... ίσως ο αυχένας... αν... δεν μπορούμε να τον παρατήσουμε. Θα πω ότι ήταν αυτοάμυνα. Ότι...

ΤΖΑΚ

Ό,τι και να πεις η ευθύνη περνάει στο πρεζάκι. Έτσι δεν γίνεται και στις ταινίες σου; Πάμε όσο γίνεται γρηγορότερα.

ΜΑΙΡΗ

Όχι. Εσύ αν θες, φύγε. Εγώ θα μείνω.

(σιγά σιγά ακούγονται από κάτω πολύ μακρινά καμπανάκια και σειρήνες)

ΤΖΑΚ

Μα, τι γίνεται; Τι είναι αυτά που ακούγονται;

(Πάει στην άκρη και κοιτάζει κάτω. Το βλέμμα του συσπάται από αυτό που βλέπει. Γυρίζει και κοιτάζει τη ΜΑΙΡΗ.)

Βλέπω φώτα από αστυνομικά και … πυροσβεστικές. Μαίρη… μοιάζει να έχει πάρει φωτιά κάποιος όροφος χαμηλά…

ΜΑΙΡΗ

Τι;

(σκοτάδι)

<u>Σκηνή 2</u>

(Στο γραφείου του ΑΦΕΝΤΙΚΟΥ. Μαζί, ακόμα, ο ΤΡΑΠΕΖΙΤΗΣ
και ο ΔΗΜΟΣΙΟΓΡΑΦΟΣ)

ΑΦΕΝΤΙΚΟ
(στο τηλέφωνο έξαλλος)

Να σας πάρει ο διάολος. Πώς έγινε αυτό; Τι;... δεν ξέρετε
ακόμα; Θα σας στείλω στο διάολο όλους εκεί κάτω. Οδηγήστε
τον κόσμο όπου είναι ασφαλές. Θα μας σκίσουν στις αγωγές
αν πάθει κανείς τίποτα.

ΤΡΑΠΕΖΙΤΗΣ
(Τρομαγμένος. Η αυτοπεποίθησή του έχει εξαφανιστεί τώρα)

Πρέπει να κατέβουμε και να βγούμε, το συντομότερο. Πώς
είναι δυνατόν να μην υπάρχει πρόβλεψη για τέτοιους
κινδύνους; Ένα σύστημα άμεσης και αποτελεσματικής
πυρόσβεσης και όλα τα σχετικά; Έξοδοι κινδύνου και τέτοια
πράγματα; Είσαι υπεύθυνος για την ασφάλειά μας.

ΑΦΕΝΤΙΚΟ
Υπάρχουν όλα αυτά, ρε βλάκα. Η εταιρεία που μου σύστησες,
τα ανέλαβε. Το ξέχασες; Επειδή ήταν νέα στο χώρο και να
τους δίναμε τη δουλειά, να τους βοηθούσαμε και τέτοιες
μαλακίες. Εκτός κι αν είναι και αυτοί άχρηστοι, σαν
εσένα. Αλλά για να τους συστήσεις, θα πήρες και από
αυτούς το δωράκι σου, όπως κάνεις σε όλες τις δουλειές
σου.

ΤΡΑΠΕΖΙΤΗΣ
Δεν είναι της ώρας αυτά. Πρέπει να βγούμε έξω τώρα.

ΔΗΜΟΣΙΟΓΡΑΦΟΣ
Πολύ ενδιαφέροντα πράγματα ακούω. Όχι ότι δεν τα
φανταζόμουν, αλλά άλλο να τα ακούς κατευθείαν από την
πηγή.

ΤΡΑΠΕΖΙΤΗΣ
Η φωτιά είναι λιγότερη επικίνδυνη από αυτά που σε
απειλούν αν ξεστρατίσεις, κύριε μπλοκάκιε. Είσαι εδώ
επειδή σε έφερα εγώ. Μην πετάς χωρίς άδεια. Γιατί ξέρεις
τι λένε για την ψείρα όταν βγάζει φτερά. Κατεβαίνει στο
γιακά. Εκεί όμως φαίνεται και εξολοθρεύεται πιο εύκολα.

ΔΗΜΟΣΙΟΓΡΑΦΟΣ
Εσύ με έφερες και να που κινδυνεύω να καώ. Δεν είπα ότι
θα γράψω κάτι. Είπα ότι άκουσα κάτι. Ξέρω να φυλάω το
τομάρι μου. Για σας τους δυο δεν είμαι σίγουρος.

ΑΦΕΝΤΙΚΟ
Πάψτε να λέτε κουταμάρες. Θα σβήσει η φωτιά όπου να'ναι.
Δεν θα προλάβει να προχωρήσει. Ήδη είναι κάτω τα
πυροσβεστικά και δουλεύουν. Δεν κινδυνεύετε εδώ.

ΤΡΑΠΕΖΙΤΗΣ
Το αν κινδυνεύουμε, θα φανεί στο τέλος. Για την ώρα άσε
τα λόγια και φρόντισε να είμαστε ασφαλείς. Μάλλον δεν
ξέρεις τι σημαίνει πυρκαγιά σε ψηλά κτήρια σαν ετούτο.
Και με τέτοια υλικά που έχει μέσα. Εκτός κι αν…

ΑΦΕΝΤΙΚΟ
Εκτός κι αν τι;

ΤΡΑΠΕΖΙΤΗΣ
Για πόσα το έχεις ασφαλίσει;

ΑΦΕΝΤΙΚΟ
(Τον πιάνει από το λαιμό και τη γραβάτα οργισμένος)

Άκουσε, γελοίε. Αν είχα σχεδιάσει να το κάψω για την
ασφάλεια, όπως υπονοείς, θα φρόντιζα να ήμουν πολύ μακριά
και όχι να βρίσκομαι εδώ μέσα με τη φωτιά να ακουμπάει
τον κώλο μου. Θα φρόντιζα, επίσης, να ήσουν εδώ για να
γίνει κάρβουνο το μυαλό που κουβαλάς. Αν και, ήδη το
θεωρώ καμένο.

ΔΗΜΟΣΙΟΓΡΑΦΟΣ
(Προσπαθεί να τους χωρίσει και να κατεβάσει τα χέρια του
ΑΦΕΝΤΙΚΟΥ από τον ΤΡΑΠΕΖΙΤΗ)

Ηρεμίστε, επιτέλους. Είναι η στιγμή για να αρπαχτείτε; Η
φωτιά δεν περιμένει να τα βρείτε. Ας περάσει αυτό και
μετά φαγωθείτε. Αν και νομίζω ότι έχετε κοινό συμφέρον να
μείνετε… φίλοι… ας το πω έτσι.

(προς το ΑΦΕΝΤΙΚΟ)
Έλα… άφησέ τον τώρα.
ΑΦΕΝΤΙΚΟ
(Τον αφήνει. Ο ΤΡΑΠΕΖΙΤΗΣ ξαναβρίσκει το χρώμα του.)

…Σε αφήνω, αν και θα προτιμούσα να σου ανοίξω το κεφάλι.
Να ξέρεις ότι δεν τελείωσε όμως. Θα το ξεκαθαρίσω μετά τη
φουρτούνα που άναψε κάτω.

(φώτα)

Σκηνή 3

(Ο ΦΡΑΝΖ μπαίνει στο ασανσέρ)

ΦΡΑΝΖ

Γρήγορα, κατέβασέ με. Από τις σκάλες γίνεται χαμός.

ΤΟΜ

Προς τα κάτω μέχρι το δέκατο πάτωμα μπορούμε, κύριε. Και μόνο για έκτακτη ανάγκη. Δεν είναι ασφαλής η μετακίνηση με αυτόν τον τρόπο τώρα. Από στιγμή σε στιγμή μπορεί να σταματήσει η λειτουργία του.

ΦΡΑΝΖ

Και η ζωή μου έκτακτη ανάγκη είναι, ηλίθιε. Είναι η δεύτερη φορά σήμερα που μπαίνει σε κίνδυνο η ακεραιότητά μου στο κωλοκατάστημά σας. Θα το πληρώσετε ακριβά αυτό. Πάτα το κουμπί, αλλιώς θα το κάνω εγώ.

ΤΟΜ

Δεν μπορώ να σας επιτρέψω, κύριε. Θα χρειαστεί να με χτυπήσετε πρώτα για να το καταφέρετε. Ο θάλαμος πρέπει να μένει ελεύθερος μόνο για τραυματισμένους , ηλικιωμένους και παιδιά.

ΦΡΑΝΖ

Και εγώ τραυματίας είμαι. Δε βλέπεις το χέρι μου;

ΤΟΜ

Δεν σας εμποδίζει να περπατήσετε όμως. Ούτε ηλικιωμένος είστε. Εξάλλου τραυματιστήκατε κατά τη διάρκεια επίθεσης εκ μέρους σας σε ανυπεράσπιστο άνθρωπο και χωρίς λόγο. Ήμουν μάρτυρας. Θυμάστε. Οπότε, θα έχει ενδιαφέρον να καταγγείλετε το συμβάν στην αστυνομία όταν έρθει η ώρα.

ΦΡΑΝΖ

(Τον πνίγει η οργή, αλλά διστάζει να επιτεθεί πάλι. Ήδη έχει επιβαρυμένο σωματικό και ποινικό φορτίο)

Φεύγω, αλλά δεν τελειώσαμε, παλιοπούστη. Δεν ξέρεις με ποιον έχεις να κάνεις. Να προσέχεις τα ατυχήματα στους δρόμους. Κυκλοφορούν πολλά αυτοκίνητα με μεθυσμένους.

ΤΟΜ

Εγώ νομίζω ότι τελειώσαμε, κύριέ μου. Τα στοιχεία σας είναι στις καρτέλες του γιατρού που σας περιποιήθηκε. Θα σας κάνω ασφαλιστικά μέτρα και, από εδώ και πέρα, θα παρακαλάτε να είμαι καλά στην υγεία μου, γιατί αλλιώς ο πρώτος ύποπτος , που θα καλέσει η αστυνομία, θα είστε εσείς. Αν βγούμε ζωντανοί, από αυτή την πυρκαγιά εννοείται. Τα κούτσουρα καίγονται πιο εύκολα. Οπότε σας συμβουλεύω να προτιμάτε τα δροσερά μέρη.

(φώτα)

(Ο ΠΩΛΗΤΗΣ έχει φτάσει στο κατώφλι της τρέλας. Ο ΣΕΡ
δείχνει ανεπηρέαστος. Στον κόσμο του)

...κύριέ μου, πρέπει να φύγουμε από εδώ το συντομότερο.
Χτύπησε το κουδούνι της πυρκαγιάς. Δεν είναι άσκηση. Το
ακούσατε. Ίσως δεν είναι πολύ άσχημα τα πράγματα, αλλά
πρέπει να εγκαταλείψουμε αυτό τη σημείο και να πάμε κάπου
πιο ασφαλές.

ΣΕΡ
(Σαν να μην άκουσε τίποτα.)

Κοντεύουμε να τελειώσουμε, αγαπητέ μου. Άλλωστε σ' αυτόν
τον όροφο όλα είναι ήρεμα και εντελώς ακίνδυνα. Δεν
μυρίζει καν καπνός. Πιθανόν να έχει σβηστεί ήδη. Όμως
καταλαβαίνω την αγωνία σας και δεν θα καθυστερήσω να κάνω
τις τελικές μου επιλογές. Έχω ακόμα έναν ενδοιασμό γι
αυτό το πουκάμισο. Έχει ακριβώς τη γραμμή και το χρώμα
που μου ταιριάζει. Αλλά αυτός ο γιακάς... αχχχχχ αυτός ο
γιακάς... με 'χει στενοχωρήσει πολύ. Είναι λίγο μεγαλύτερος
από την περίμετρο του λαιμού και θα χάσκει ανοικτός όταν
κουμπωθεί ως επάνω. Και ενώ μου αρέσουν τόσο πολύ όλα τα
υπόλοιπα που έχει, αυτή η λεπτομέρεια θα είναι τραγική
για την εμφάνισή μου όταν παρουσιαστώ στη λέσχη μου ή σε
κάποιο σπουδαίο ραντεβού. Τι λέτε και σεις; Θα ήθελα τη
γνώμη σας. Μη διστάσετε να μιλήσετε ελεύθερα, παρακαλώ.

ΠΩΛΗΤΗΣ
(Φεύγει με αργά βήματα από το πίσω μέρος του πάγκου και
πλησιάζει με ανέκφραστο βλέμμα τον ΣΕΡ.)

Να μιλήσω ελεύθερα, είπατε;

ΣΕΡ
(Διαισθάνεται μια απειλή στην ατμόσφαιρα και δείχνει μια
ανησυχία)

Μα... βέβαια.

ΠΩΛΗΤΗΣ
Έχω ένα αξεσουάρ να σας προτείνω που ταιριάζει με όλους
τους τύπους λαιμών, λοιπόν. Ό,τι πουκάμισο και να βάλετε,
ταιριάζει απόλυτα και δεν αφήνει κανένα κενό γύρω από το
λαιμό να αποσπάσει την προσοχή στους συνομιλητές σας.

Αλήθεια… μα τι αξεσουάρ είναι αυτό; Πώς δεν το γνωρίζω
ήδη εγώ;

ΠΩΛΗΤΗΣ

Δεν το γνωρίζετε, γιατί μόνο σε μια χώρα το
χρησιμοποιούν. Όμως εγώ μπορώ να σας το εξασφαλίσω.

ΣΕΡ

Τότε, θα ήθελα να μου το δείξετε και να το δοκιμάσω… τι
είναι;

ΠΩΛΗΤΗΣ

Μια ειδική γραβάτα.

ΣΕΡ
(Με απορία)

Γραβάτα;

ΠΩΛΗΤΗΣ

Ναι, από την Κολομβία. Κολομβιανή γραβάτα λέγεται. Την
ανακάλυψαν οι μαφιόζοι εκεί κάτω και την κάνουν δώρο σε
όποιον δεν καταλαβαίνει από λόγια.

(Τον βουτάει από το λαιμό με το ένα χέρι και με το άλλο
παίρνει ένα κοπίδι απ' τον πάγκο του- από αυτό που
χρησιμοποιούν για να κόβουν κλωστές και ταμπελάκια από τα
ρούχα.)

Το βλέπεις αυτό, ρε λόρδε του κώλου; Που μου τα έχεις
ζαλίσει τόση ώρα με τις παπαριές που αραδιάζεις όλο το
απόγευμα; Με αυτό, λοιπόν, θα σου κόψω το κάτω μέρος από
το σαγόνι σου και θα τραβήξω από κει τη γλώσσα σου να
κρέμεται σα γραβάτα ανάμεσα στους γιακάδες του σακακιού
σου, ρε καριόλη. Τι λες λοιπόν;

ΣΕΡ
(Κατάχλωμος από τον τρόμο. Βλέπει ότι γυαλίζει το μάτι
του ΠΩΛΗΤΗ. Σχεδόν τα έχει κάνει επάνω του)

Συ… συ… συ… γνώμη… δεν είχα πρόθεση ….να σας… κουράσω…
ό,τι θέλετε… εγώ δεν…

ΠΩΛΗΤΗΣ

Άκουσε, ρε ξεφτιλισμένε. Αν αποφασίσω και σε αφήσω
ζωντανό, μην τολμήσεις και πεις πουθενά ότι στην έπεσα,
γιατί θα σε βρω και θα σε κάνω φέτες με μεγαλύτερο
εργαλείο από αυτό που κρατάω. Δεν φτάνει που με έχεις
πηδήξει ένα ολόκληρο απόγευμα και μου φέρεσαι σαν να
είμαι καμιά γόπα πατημένη, εξακολουθείς να με γράφεις

ακόμα και τώρα που καιγόμαστε. Αν τη γλιτώσεις από τη φωτιά, μην τολμήσεις και ξαναπατήσεις εδώ μέσα, γιατί αν σε πάρω χαμπάρι, σκάψε το λάκκο σου.

(Τελειώνοντας τον σπρώχνει και τον γκρεμίζει στο έδαφος. Στέκεται από πάνω του με ύφος γεμάτο παράνοια, κουνώντας το κοπίδι μπροστά στα μάτια του ΣΕΡ.)

Έγινα αντιληπτός... ή να σου φορμάρω τη γραβατούλα που σου έλεγα;

ΣΕΡ
(Στα όρια λιποθυμίας πια...)

Α... αα... απόλυτα... αντι... ληπτός, κύριέ μου...

ΠΩΛΗΤΗΣ
(Πάει προς τον πάγκο. Βγάζει ένα μαύρο πουκάμισο από τη στοίβα. Γυρνάει και το πετάει στα μούτρα του ΣΕΡ.)

Αυτό, δώρο από μένα. Να χεις κάτι μαύρο για την κηδεία σου αν σε ξαναδούν τα μάτια μου εδώ μέσα.

(φώτα)

Σκηνή 5

(Στο ασανσέρ. Η Σάρα φτάνει μόνη της στην είσοδο. Έχει χάσει τη μητέρα της μέσα στον πανικό. Δείχνει φοβισμένη)

TOM

Γεια σου

ΣΑΡΑ

(δεν αντιδρά αμέσως. Μετά στη νοηματική.)

Γεια σου

TOM

(Καταλαβαίνει ότι το κοριτσάκι είναι κωφάλαλο. Βγάζει ένα χαρτί από τη τσέπη του και ένα μολύβι. και γράφει ότι θέλει να πει.)

Μόνη σου είσαι; Χάθηκες;

ΣΑΡΑ
(πάντα στη νοηματική)

Ναι.

TOM

Με λένε TOM. Εσένα;

ΣΑΡΑ
(Παίρνει το μολύβι και γράφει ΣΑΡΑ)

TOM

Λοιπόν, Σάρα, χάρηκα που σε γνώρισα. Θέλεις να μείνεις μαζί μου μέχρι να βρούμε τη μαμά σου;

ΣΑΡΑ

Δεν ξέρω.

TOM

Φοβάσαι;

ΣΑΡΑ

Ναι.

TOM

Δεν είναι καλό να σε αφήσω μόνη σου τώρα, όμως. Πρόβλημα.

ΣΑΡΑ

Αν με κοιτάς σαν τη ΝΕΜΙΑ, θα έρθω.

[76]

TOM

Α... γνώρισες τη Νέμια; Είναι καλή φίλη.

ΣΑΡΑ

Θα γίνει δασκάλα μου μια μέρα.

TOM

Το εύχομαι. Αγαπάει τα παιδιά σαν εσένα.

ΣΑΡΑ

Και με κοιτάζει χωρίς να φοβάμαι.

TOM

Έχω μια ιδέα. Θα σε πάω στη Νέμια μέχρι να βρούμε τη μαμά σου. Τι λες; Θα βοηθήσεις να πατήσουμε το κουμπί;

ΣΑΡΑ
(ΝΑΙ με νόημα)

TOM
(Τη σηκώνει και της δείχνει το τελευταίο. Η ΣΑΡΑ το πατάει και τα καμπανάκια και οι σειρήνες ακούγονται χαμηλά στους κάτω ορόφους. Τα φώτα τρεμοπαίζουν)

Ελπίζω να μην κοπεί το ρεύμα μέχρι να φτάσουμε επάνω. Να αντέξουν οι γεννήτριες...

(φώτα)

Σκηνή 6

(Στην ταράτσα ΜΑΙΡΗ και ΤΖΑΚ)

ΤΖΑΚ

Πάμε, σου λέω. Όσο καθυστερούμε θα γίνεται χειρότερο.
Ίσως υπάρχει διέξοδος ακόμα.

ΜΑΙΡΗ

Τρελός είσαι; Θα πάμε μόνοι μας να μπούμε στη φωτιά
ρισκάροντας για μια πιθανή έξοδο; Πού ξέρουμε τι γίνεται
εκεί κάτω; Εγώ έτσι κι αλλιώς δεν μπορώ να κινηθώ
γρήγορα. Εσύ φύγε αν θες. Όμως το να μείνουμε εδώ είναι
το καλύτερο για την ώρα.

ΤΖΑΚ

Να μείνουμε εδώ με έναν αστυνομικό αναίσθητο; Ο επόμενος
που θα ανέβει εδώ, φαντάζεσαι τι θα υποθέσει μόλις μας
δει μαζί του;

ΜΑΙΡΗ

Αυτό, λοιπόν, πες. Ότι φοβάσαι μήπως σε ενοχοποιήσουν και
άσε τις δικαιολογίες.
        (Δείχνει απογοητευμένη)
Οκ. Έτσι κι αλλιώς και εδώ καμένος και κάτω καμένος.
Διάλεξε σε ποια πίστα θες να χάσεις.

ΤΖΑΚ

Δε σε καταλαβαίνω. Πριν λίγο με υποστήριζες και τώρα
μιλάς σαν να μη σε νοιάζει τι θα γίνει. Αφού το είδες.
Μόνο να τον εξουδετερώσω ήθελα. Ήταν ατύχημα το χτύπημα
που τον άφησε αναίσθητο. Το είπες και μόνη σου.
Αυτοάμυνα.

ΜΑΙΡΗ

Ναι, το είπα. Και ήταν. Σε υποστηρίζω. Αλλά εσύ
εξακολουθείς να αρνείσαι να γίνεις ειλικρινής. Πάρε την
ευθύνη που σου αναλογεί και μη συνεχίζεις να κρύβεσαι από
τον αληθινό σου εαυτό. Για λίγα λεπτά τον αποκάλυψες εδώ
μπροστά μου. Και σε σεβάστηκα. Και ακόμα το κάνω. Εσύ
όμως δεν το κάνεις για σένα.

ΤΖΑΚ

Και ποιος θα το αναγνωρίσει; Ποιος θα με πιστέψει από δω
και πέρα ξέροντας τι είμαι; Ο κόσμος διψάει για αίμα. Του
αρέσει να κομματιάζει ψυχές. Κάθε άνθρωπο που έχει κάποιο
ελάττωμα. Σαν αγέλη που μυρίζει το αδύναμο ζώο. Μυρίζει
την πληγή σου και ορμάει να σε αποτελειώσει.

MAIPH

Εγώ δεν το έκανα όμως. Και ίσως και άλλοι. Όμως ακόμα και
αν γίνεται αυτό που λες, πρέπει να αποφασίσεις ποιος
θέλεις να είσαι. Ακόμα και κανείς να μη σε καταλάβει,
οφείλεις να δεχτείς να πληρώσεις το τίμημα. Για να
φιλιώσεις τουλάχιστον με τον εαυτό σου, Τζακ

ΤΖΑΚ

(Πάει και κοιτάει πάλι από την άκρη του κτηρίου.
Ακούγονται ακόμα μερικές σειρήνες και περιστρεφόμενα φώτα
χορεύουν μέσα στη νύχτα. Ο καιρός όσο πάει και βαραίνει.
Κοιτάζει ψηλά και απλώνει την παλάμη του)

Νομίζω θα αρχίσει να βρέχει σε λίγο. Ήδη νιώθω κάποιες
σταγόνες. Τι σκατά μέρα, θεέ μου...

MAIPH

Αν ήσουν στους κάτω ορόφους, ίσως να έλεγες χειρότερα
τώρα.

(Βγαίνει στην ταράτσα το ΚΛΕΦΤΡΟΝΙ. Φαίνεται
εξαντλημένος. Το τραύμα του έχει ματώσει περισσότερο και
ο λεκές στο ρούχο του έχει μεγαλώσει. Αιφνιδιάζονται και
οι τρεις από αυτή τη συνάντηση)

ΤΖΑΚ

Επ... Τι είσαι εσύ; Πώς εμφανίστηκες εδώ πάνω;

ΚΛΕΦΤΡΟΝΙ
(Και αυτός ξαφνιασμένος)

Εεεε... τι τι είμαι; Έχασα τον προσανατολισμό μου. Δεν
μάθατε για τη φωτιά; Σκέφτηκα να ανέβω προς τα πάνω. Σε
λίγο θα αρχίσουν να γεμίζουν καπνοί και οι πάνω όροφοι.
Ευτυχώς δεν είχε μείνει πολύς κόσμος μέσα.

MAIPH
(Βλέπει το τραύμα του χωρίς να υποψιάζεται τίποτα)

Έχεις τραυματιστεί. Φαίνεται άσχημα. Πώς έγινε;

ΚΛΕΦΤΡΟΝΙ

Ναι... έπεσα άσχημα στη σκάλα. Ζαλίστηκα από την βαριά
ατμόσφαιρα και με τρύπησε ένα...

(βλέπει τον αναίσθητο αστυνομικό)
... τι είναι αυτός εκεί;

(πλησιάζει)
Αστυνομικός... τι έπαθε; Φαίνεται άσχημα.

[79]

ΤΖΑΚ
Έγινε μια... παρεξήγηση και...

ΚΛΕΦΤΡΟΝΙ
Τι παρεξήγηση;

(Κοιτάζει τη ΜΑΙΡΗ που είναι στο καρότσι και μετά τον ΤΖΑΚ)

... εσύ τον ξάπλωσες ε;

ΤΖΑΚ
Δε σου πέφτει λόγος, ούτε είναι δική σου δουλειά. Αλλά θα σου πω, για να μη σκέφτεσαι διάφορα. Έψαχνε ένα κλεφτρόνι που ρήμαζε τα τμήματα εδώ και καιρό, και νόμιζε πως το βρήκε μόλις με είδε. Και πάνω στον καυγά...

ΜΑΙΡΗ
...παραπάτησε και χτύπησε το κεφάλι του στο έδαφος. Αυτό έγινε αν σε ενδιαφέρει τόσο πολύ.

ΚΛΕΦΤΡΟΝΙ
(Κοιτάζει τον αστυνομικό και γελάει ειρωνικά)

Φίλοι μου, δεν μπορώ να σας το πω πιο κομψά. Την έχετε βάψει έτσι και τα τινάξει ο τύπος. Πόσο μάλλον αν είχε και δίκιο στις υποψίες του. Εμένα καθόλου δε με νοιάζει. Έτσι κι αλλιώς, δεν τους χωνεύω τους μπάτσους. Αλλά εσείς πρέπει να βρείτε καλύτερο παραμυθάκι αν θέλετε να τη γλιτώσετε. Και... τι άλλο είπε για... αυτό το κλεφτρόνι. Τον περιέγραψε δηλ;

ΤΖΑΚ
Του τον περιγράψανε όπως είμαι εγώ περίπου. Γι αυτό κόλλησε σε μένα. Ότι κι αν του είπα, δε χαμπάριαζε.

ΚΛΕΦΤΡΟΝΙ
Και αποφάσισες να τον οριζοντιώσεις... έχει πολύ δουλειά ο δικηγόρος σου, φίλε μου.

ΤΖΑΚ
Σταμάτα να με ειρωνεύεσαι, γιατί θα του διπλασιάσω τη δουλειά που θα έχει με μένα.

KΛΕΦΤΡΟΝΙ
(μαζεύεται)
Καλά, δεν είπα και τίποτα. Σου είπα, δε με νοιάζει τι
έγινε με αυτόν. Να φύγω από αυτό το γαμημένο κτήριο θέλω
μόνο.

ΤΖΑΚ
Μακάρι να του έβρισκα αυτόν που έψαχνε, να του τον κόλαγα
στη μούρη για να καταλάβαινε τι κόπανος ήτανε. Και να που
κατέληξε από το πείσμα του.

ΚΛΕΦΤΡΟΝΙ
Το... λείπει το όπλο του.

(Καχύποπτα)
Περίεργο...

ΤΖΑΚ
Δεν είδα αν είχε μαζί του... δεν ξέρω.

(ΤΖΑΚ και ΜΑΙΡΗ κοιτάζονται με συνενοχή)
Γιατί το λες;

ΚΛΕΦΤΡΟΝΙ
Γιατί ένα χαμένο όπλο, είναι πιο επικίνδυνο από ένα
φανερό.

(ο ΠΑΤΕΡ εμφανίζεται στην ταράτσα. Βήχει και κρατάει ένα
μαντήλι στο χέρι του. Βλέπει τους υπόλοιπούς και κάνει το
σταυρό του.)

ΠΑΤΕΡ
Δόξα το θεό, τέκνα μου. Δεν ήξερα πού θα με βγάλει η
τελευταία πόρτα που έσπρωξα πριν λίγο.

(Αναπνέει βαθιά καθαρό αέρα)
Καθαρός αέρας του θεού, επιτέλους.
ΜΑΙΡΗ
Ευτυχώς για σας, βρήκατε εγκαίρως το σωστό σημείο για να
σταθείτε. Τι γίνεται μέσα στο κτήριο; Είδατε άλλους να
κυκλοφορούν;

ΠΑΤΕΡ
Δε συνάντησα πολλούς. Είναι και ώρα που κόντευε να
κλείσει το κατάστημα. Νομίζω οι περισσότεροι κατέβαιναν
προς τα κάτω μετά την ειδοποίηση για τη φωτιά. Έκαναν
καλά ή όχι δεν ξέρω. Ο θεός ας μας βοηθήσει όλους.

(Βλέπει τον αναίσθητο αστυνομικό)

Μα... τι έγινε; Ποιος είναι αυτός;

ΚΛΕΦΤΡΟΝΙ

Αυτόν, παπά μου, δεν πρόλαβε να τον βοηθήσει ο θεός σου.
Ποιον να πρωτοπρολάβει απόψε άλλωστε. Οπότε, ας
κοιτάξουμε πώς θα σώσουμε το τομάρι μας από μόνοι μας.

(Κοιτάζει με νόημα τον ΤΖΑΚ και τη ΜΑΙΡΗ)

ΤΖΑΚ

Είναι ακόμα ζωντανός. Αναπνέει, έστω και βαριά. Αλλά δεν
ξέρουμε πόσο σοβαρά είναι.

ΜΑΙΡΗ

Παραπάτησε και χτύπησε στο κεφάλι. Ατύχημα δηλαδή.

ΠΑΤΕΡ

(Πάει πάνω από τον αναίσθητο άνθρωπο και τον παρατηρεί
προσεχτικά)

Η όψη του είναι πολύ χλωμή. Πρέπει να τον δει γιατρός.

ΚΛΕΦΤΡΟΝΙ

Νομίζω πιο χρήσιμη θα του ήταν η δικιά σου ειδικότητα,
παπουλάκο μου. Δεν τον κόβω να τη βγάζει εύκολα απόψε.

ΠΑΤΕΡ

Μακάρι να μην χρησίμευε πουθενά η δικιά μου ειδικότητα
και όλα να ήταν τέλεια καμωμένα στον κόσμο μας. Όμως ο
θεός μας έδωσε ελευθερία να πράττουμε όπως νομίζουμε. Μας
έδωσε όμως και τις συνέπειες για κάθε πράξη μας.

ΚΛΕΦΤΡΟΝΙ

Απ' ότι φαίνεται... απόψε θα μοιραστούν πολλές. Αυτός εκεί
πήρε ήδη την προκαταβολή του.

ΤΖΑΚ

Αν συνεχίσεις έτσι, σύντομα θα λάβεις και τη δικιά σου.

ΠΑΤΕΡ

Ηρεμίστε, παιδιά μου. Δεν είναι ώρα για καυγάδες. Για
ποιο λόγο να μαλώνουμε;

ΜΑΙΡΗ

Μας συγχωρείς, πάτερ, αλλά τα νεύρα μας είναι... όλη αυτή η
κατάσταση που βρεθήκαμε ξαφνικά όλοι μας...

ΠΑΤΕΡ
(Βλέπει τον λεκέ από το τραύμα του κλέφτη)

Και συ τραυματισμένος; Πώς έγινε;

[82]

KΛEΦTPONI

Δικός μου λογαριασμός. Δε θέλω πάρε δώσε με το σινάφι
σου.

(απομακρύνεται και πάει και ακουμπάει με την πλάτη στον
τοίχο γονατιστός).

Αν θες να κάνεις κάτι, ασχολήσου με όσους πιστεύουν. Να…
αυτοί οι δύο…

                    (δείχνει TZAK και MAIPH)
φαίνονται να γουστάρουν την παραμύθα. Και έτσι όπως
είμαστε τώρα, ίσως είναι καλή στιγμή για μια εξομολόγηση
εκ μέρους τους. Θα ακούσεις ενδιαφέροντα πράγματα.
Πιθανόν ενδιαφέροντα και για άλλες υπηρεσίες, πέραν της
δικής σου της πνευματικής…
                    (χαμογελάει ειρωνικά)

                              TZAK
          (Τον κοιτάζει άγρια. Έτοιμος να του επιτεθεί)

                    Μια λέξη ακόμα και…

                              ΠΑΤΕΡ
                (Του πιάνει το χέρι. Τον συγκρατεί)

Μην αφεθείς στο κακό, παιδί μου. Άστον στη δυστυχία του.
Έλα… έλα από εδώ.

                    (Τον απομακρύνει)

                              MAIPH
Πώς είναι μέσα; Τι είδατε;

                              ΠΑΤΕΡ
Έχει φτάσει καπνός μέχρι επάνω. Όχι φλόγες, αλλά δεν
είναι εύκολο να δεις και να προχωρήσεις. Κάτω δεν ξέρω
πώς είναι τα πράγματα.
(Πάει και κοιτάζει προς τα κάτω από την άκρη του κτηρίου)

Έχουν έρθει πολλά οχήματα πυροσβεστικής. Και οι σκάλες
δεν φτάνουν αρκετά ψηλά. Πάντως σίγουρα δεν είναι μικρή η
εστία.

ΜΑΙΡΗ
(Αρκετά ανήσυχη)

Τι θα κάνουμε; Τι θα κάνουμε...;

ΤΖΑΚ
Μόνο να περιμένουμε εδώ μπορούμε τώρα. Δεν υπάρχει άλλη
επιλογή.

ΠΑΤΕΡ
Πάντα υπάρχει επιλογή. Μην απελπιζόμαστε. Ο θεός...

ΚΛΕΦΤΡΟΝΙ
...έχει πέσει για ύπνο. Κάτι που έπρεπε να είχαμε κάνει και
εμείς τέτοια ώρα και θα ήμασταν ασφαλείς. Όμως είχαμε την
ωραία ιδέα να μπούμε εδώ μέσα τέτοια μέρα. Τώρα ήρθε η
ώρα του ταμείου. Αμήν.
Αρκετά, παπά. Μας φτάνει που κολυμπάμε στα σκατά. Μη μας
ταΐζεις και ληγμένα.

ΠΑΤΕΡ
Ληγμένο δεν είναι τίποτα. Μπορεί να μην είναι η ώρα μας
απόψε και να βγούμε ασφαλείς. Μπορεί όμως και ο χρόνος
μας να είναι λίγος πια. Ας φροντίσουμε να βγάλουμε τον
καλό μας εαυτό προς τα έξω και όχι να γρυλίζουμε σα ζώα.

ΚΛΕΦΤΡΟΝΙ
Με κάτι τέτοια λιγοστεύουν οι πελάτες στο μαγαζί σας. Γι
αυτό φρόντισε να αλλάξεις εσύ αν ο χρόνος μας τελειώνει.
Είναι γελοίο, στα τελευταία σου, να νομίζεις ότι θα
βγάλεις φτερά στην πλάτη και θα ταξιδέψεις στα ουράνια.
Αλλά στην τελική... δικαίωμά σου. Μη σου πω ότι σε
διασκεδάζω κιόλας.

ΤΖΑΚ
Πάτερ, δεν είμαι φανατικός με θρησκείες αλλά ούτε
γουστάρω κάτι τέτοιους ηλίθιους σαν ετούτον. Αν συνεχίσει
έτσι, δεν θα τον αγνοήσω άλλο.

ΠΑΤΕΡ
Αν ήσουν φανατικός με την υπομονή, θα μου αρκούσε.

(Μπαίνει ο ΦΡΑΝΖ. Βήχει και αυτός έντονα. Κρατάει ακόμα
δυο σακούλες με ψώνια. Δεν τις αφήνει από τα χέρια του.
Προσπαθεί να πάρει ανάσες και είναι λαχανιασμένος.)

ΦΡΑΝΖ

Ανάθεμα την ώρα που πάτησα το πόδι μου εδώ σήμερα. Θα μας κάψουν ζωντανούς τα καθίκια.

(στέκεται και κοιτάζει τους άλλους γύρω του. Το βλέμμα του στέκεται παραπάνω στη ΜΑΙΡΗ)

Τι είστε όλοι εσείς; Ομοιοπαθούντες ε;
                (Οργισμένος)

Θα τους πηδήξουμε στις μηνύσεις. Θα πληρώνουν μέχρι Δευτέρας Παρουσίας.

ΚΛΕΦΤΡΟΝΙ
(Ειρωνικά)

Καλώς ήρθες στο πάρτι, φίλε. Αυτά κουβεντιάζαμε μόλις. Για τις συνέπειες που θα αρχίσουν να μοιράζονται. Ε, πάτερ; Για πέστα στο φίλο. Μιας και το ανέφερε, πότε υπολογίζετε τη Δευτέρα Παρουσία; Ρωτάω γιατί βρωμάει αυτή η υπόσχεση πληρωμής μέχρι αυτή την ημερομηνία όπως εξήγγειλε από δω ο κύριος...

ΦΡΑΝΖ

Φρανζ.

ΚΛΕΦΤΡΟΝΙ

...Ο κύριος Φρανζ. Καθότι για να υπάρξει Δευτέρα Παρουσία, πρέπει να έχει προηγηθεί πρώτη. Απ ότι θυμάμαι δεν πήγε και πολύ καλά. Ο θιασάρχης την έκανε με τις εισπράξεις και άφησε τον θίασο απλήρωτο. Μόνο που αυτοί συνεχίζουν να παίζουν το ίδιο έργο και κόβουν εισιτήρια για τα κορόιδα.

ΠΑΤΕΡ

Δεν είσαι σε θέση να καταλάβεις ό,τι και να σου εξηγήσω.

ΦΡΑΝΖ

Ούτε εγώ καταλαβαίνω τι λέτε. Σας λέω ότι μπορούμε και δικαιούμαστε να βγάλουμε λεφτά από αυτή την κατάσταση που μας έβαλαν. Κινδυνεύει η ζωή μας, ψυχική οδύνη, και ένα σωρό άλλα. Αν δεν ενδιαφέρεστε, δε θα σας παρακαλάω κιόλας.

ΜΑΙΡΗ

Και στο ασανσέρ να εκμεταλλευτείς την κατάσταση ήθελες. Τα λεφτά ήταν το κίνητρο. Για να μη μιλήσω για το ρατσιστικό κομμάτι που είναι το χειρότερο. Φάνηκε εκεί τι σκατομαλάκας είσαι. Το ίδιο κάνεις και τώρα. Δεν έβαλες μυαλό.

ΦΡΑΝΖ

Εσένα, παλιοθήλυκο, σου τα έχω μαζεμένα. Την ακούσατε όλοι πως με έβρισε πρώτη. Έχε χάρη που είμαι τραυματισμένος αλλιώς...

ΤΖΑΚ

Αλλιώς τι; Θα έδειχνες πόσο άντρας είσαι σε μια ανάπηρη γυναίκα; Μόνο σε τέτοιες σε παίρνει να το παίζεις σκληρός φαντάζομαι. Γιατί για αλλού δεν έχεις κότσια.

ΦΡΑΝΖ

Εσύ μην ανακατεύεσαι, γιατί θα μάθεις τι παθαίνεις όταν φυτρώνεις όπου δε σε σπέρνουν. Μη δοκιμάζεις την ανοχή μου.

ΠΑΤΕΡ

Άνθρωπέ μου, ο θεός σου έδωσε την ευκαιρία να βρεις το δρόμο και να βγεις έξω στον καθαρό αέρα. Να έχεις ελπίδες να ζήσεις, και συ γίνεσαι επιθετικός χωρίς λόγο. Εκτίμησε την θέση σου.

ΚΛΕΦΤΡΟΝΙ

Μα αυτό ακριβώς έκανε, παπούκο μου. Εκτίμησε αυτή τη θέση, έκανε λογαριασμό, και ετοιμάζεται για το ταμείο. Και να σου πω κάτι. Δικαίως. Πολύ καλά κάνει. Δεν το παίζει υπεράνω. Θαρρώ το ίδιο θα κάνω και γω. Δε σκοπεύω να γίνω το κορόιδο της υπόθεσης.

ΦΡΑΝΖ
(Πλησιάζει το ΚΛΕΦΤΡΟΝΙ)

Φαίνεσαι ξύπνιος. Νομίζω μπορούμε να τα βρούμε εμείς.

ΚΛΕΦΤΡΟΝΙ

Φαίνεσαι «αρπαγμένος» αλλά συμφωνώ ότι μπορούμε να τα βρούμε. Το τραπέζι έχει πολλές μάρκες επάνω και το παιχνίδι έχει προοπτικές.

ΦΡΑΝΖ

Τι εννοείς;

ΚΛΕΦΤΡΟΝΙ

Εννοώ ότι σιγοκαίνε κι άλλες φωτιές εκτός από αυτή του ισογείου. Κοίτα εκεί.

(του δείχνει τον αναίσθητο αστυνομικό)

ΦΡΑΝΖ

Ω, ρε διάολεεεε.... Τι γίνεται εδώ, ρε;

(Κοιτάζει τον αναίσθητο από κοντά τώρα)

Δε μοιάζει να ξάπλωσε από την κούραση. Πάτερ, τι είναι
αυτός;

ΤΖΑΚ
Παραπάτησε και χτύπησε στο κεφάλι. Δεν ξέρουμε σε τι
κατάσταση βρίσκεται. Είναι επικίνδυνο να τον
μετακινήσουμε.

ΦΡΑΝΖ
(Με δυσπιστία)

Παραπάτησε;

ΚΛΕΦΤΡΟΝΙ
Ναι… κυνηγούσε πεταλούδες και γλίστρησε. Συμβαίνουν αυτά.
Γλιστράνε και οι αστυνομικοί καμιά φορά. Ιδίως πάνω στο
καθήκον. Εγώ δεν ήμουν μπροστά. Απλώς υποθέτω. Ρώτα τα
παιδιά ,που ήταν μάρτυρες.

ΜΑΙΡΗ
Δικαίωμα να ρωτήσει έχει μόνο η αστυνομία. Ή ο ίδιος όταν
συνέλθει. Εσάς δε σας πέφτει λόγος. Άλλωστε μάρτυρες
υπάρχουν και για άλλα περιστατικά που προηγήθηκαν σήμερα.
Τι λέτε, κύριε ΦΡΑΝΖ;

ΦΡΑΝΖ
Αν δεν συνέλθει, από πού νομίζετε θα ξεκινήσει η
αστυνομία να ψάχνει; Εγώ ας πούμε, αν ήμουν αστυνόμος και
έβρισκα συνάδελφο σε τέτοια κατάσταση, κάθε άλλο συμβάν
θα πήγαινε στην άκρη.

ΜΑΙΡΗ
Εγώ θα ξεκινούσα με το ποινικό μητρώο όλων των
παρευρισκομένων στο τόπο του συμβάντος. Θα είχε πολύ
ενδιαφέρον γι μένα να δω ποιος είναι πιο επικίνδυνος για
τη δημόσια ασφάλεια.

ΠΑΤΕΡ
Μα τι συζητάμε, άνθρωποί μου. Δεν συνειδητοποιείτε ότι
όλα αυτά που συζητάτε είναι ανώφελα την ώρα που
κινδυνεύουμε από τη φωτιά; Σκέφτεστε τι θα απογίνουμε αν
δεν περιοριστεί η φωτιά εκεί κάτω;

ΤΖΑΚ

Έχεις δίκιο, πάτερ. Όμως δεν έχουν όλοι τη λογική να αφήσουν τα παζάρια και το συμφέρον τους στην άκρη για να βρεθεί μια λύση.

ΚΛΕΦΤΡΟΝΙ

Η λύση θα έρθει από ψηλά. Μην ανησυχείτε. Έτσι, πάτερ;

ΠΑΤΕΡ

Οι λύσεις έρχονται πρώτα από μέσα μας.

(ο ΦΡΑΝΖ πλησιάζει το ΚΛΕΦΤΡΟΝΙ και μιλάνε ιδιαιτέρως)

ΦΡΑΝΖ

(δείχνοντας με το βλέμμα του τον αναίσθητο αστυνομικό)

Τι έγινε με αυτόν;

ΚΛΕΦΤΡΟΝΙ

Όταν έφτασα τον βρήκα όπως τον βλέπεις. Οι τρεις τους ήταν. Η λεγάμενη αποκλείεται να τον ξάπλωσε. Άρα…

ΦΡΑΝΖ

Δηλαδή τι; Έγινε συμπλοκή και τον κατάφερε ο τύπος;

ΚΛΕΦΤΡΟΝΙ

Έτσι φαίνεται. Έκανε κάποια έρευνα δήθεν για κάποιον κλέφτη — μου είπε- και υποπτευόταν αυτόν. Ε… δεν καταλαβαίνεις; Κλασική σκηνή κλέφτη και αστυνόμου. Μόνο που δεν κατάφερε να προλάβει να φύγει λόγω της φωτιάς και τον πιάσανε με τη γίδα στην πλάτη. Η λεγάμενη δεν ξέρω τι ρόλο βαράει εδώ. Θα δείξει όμως.

ΦΡΑΝΖ

Τα πουλάκια μου… δεν πρόλαβαν να φύγουν… βέβαιαααα. Παριστάνουν και τους ψύχραιμους. Αν συνέλθει και μιλήσει, θα πέσουν αυτοί σε κώμα.

ΚΛΕΦΤΡΟΝΙ
(Ανήσυχος με αυτή την προοπτική)

Δεν θα συνέλθει… δηλαδή μου φαίνεται την έχει φάει γερά. Για χτύπημα στον αυχένα ή στο κεφάλι μιλάμε. Όχι στραμπούληγμα.

ΦΡΑΝΖ

Ρε, ας βγούμε από εδώ και θα δεις τι θα γίνει. Από μένα θα το βρουν.

ΚΛΕΦΤΡΟΝΙ

Δώσε ένα τσιγάρο και θα σου πω και το μεγάλο μυστικό.

ΦΡΑΝΖ

Μυστικό;

(Βγάζει και του δίνει τσιγάρο)

Τι μυστικό;

ΚΛΕΦΤΡΟΝΙ

Ο καλύτερος φίλος του ανθρώπου ποιος είναι; Και για να σε βοηθήσω μην πεις ο σκύλος.

ΦΡΑΝΖ

Τι μαλακίες λες, ρε;

ΚΛΕΦΤΡΟΝΙ

Όταν παίζεται η ζωή μου δεν τις συνηθίζω.

ΦΡΑΝΖ

Ποιος είναι;

ΚΛΕΦΤΡΟΝΙ

Το όπλο.

ΦΡΑΝΖ

Δεν καταλαβαίνω.

ΚΛΕΦΤΡΟΝΙ

Ξύπνα. Ο αστυνομικός είχε όπλο που τώρα δεν έχει πάνω του. Στη ζώνη του υπάρχει θήκη που είναι άδεια τώρα. Αυτά πάνε μαζί. Δεν απομακρύνονται το ένα από το άλλο, παρά μόνο όση απόσταση υπάρχει ανάμεσα στην άκρη του χεριού και τη θέση της θήκης. Εμείς δεν το έχουμε. Ο παπάς φαίνεται όντως παπάς. Τι μένει στο καλάθι;

ΦΡΑΝΖ
(Γυρίζει και κοιτάζει τον ΤΖΑΚ και τη ΜΑΙΡΗ)

(Μπαίνει η ΝΕΜΙΑ που κρατάει τη ΡΟΖΑ σε ημιλυπόθυμη κατάσταση. Είναι χτυπημένη στο κεφάλι που το κρατάει με ένα ρούχο στο σημείο που υποφέρει. Το ΚΛΕΦΤΡΟΝΙ τη βλέπει μαζί και τη ΝΕΜΙΑ και χλομιάζει. Προσπαθεί να κρυφτεί παράμερα όσο μπορεί ώστε να μην τον αναγνωρίσουν οι δύο γυναίκες. Και οι δυο κρατάνε μαντήλια επίσης και βήχουν)

ΝΕΜΙΑ

Έλα... έλα να κάτσεις λίγο εδώ να συνέλθεις. Έλα, καλή μου.

[89]

(ο ΤΖΑΚ και ο ΠΑΤΕΡ σπεύδουν να τη βοηθήσουν. Κάθεται σε μια ξεχασμένη καρέκλα που υπάρχει στο χώρο.)

ΠΑΤΕΡ
Έλα, κοπέλα μου. Μην ανησυχείς τώρα. Είσαι σε ασφαλέστερο μέρος.

ΤΖΑΚ
Πώς χτύπησε; Ζαλίστηκε από τον καπνό και έπεσε; Τι έγινε;

ΝΕΜΙΑ
Είναι ακόμα ζαλισμένη. Δεν μπορεί να μιλήσει καθαρά. Από τα λίγα που είπε, κάποιος της επιτέθηκε. Τη χτύπησε και την άφησε λιπόθυμη στο δοκιμαστήριο του πόστου που δουλεύει.

ΠΑΠΑΣ
Της επιτέθηκε; Γιατί;

ΜΑΙΡΗ
Πώς ήταν; Τον γνώριζε;

ΝΕΜΙΑ
Δεν ξέρω περισσότερα. Ας την αφήσουμε να συνέλθει λίγο. Το επείγον ήταν να βρούμε διέξοδο προς τα πάνω. Αν δεν έτρεχα να τη βρω θα έμενε αβοήθητη εκεί μέσα και… δεν ξέρω… ίσως δεν τα κατάφερνε μόνη της.

(την αγκαλιάζει στοργικά)
καλή μου, Ρόζα. Ξεκινήσαμε την ίδια μέρα δουλειά εδώ και έχουμε δεθεί.

ΤΖΑΚ
Μπράβο σου που τη βρήκες εγκαίρως. Πώς κατάλαβες ότι κάτι συνέβαινε και έτρεξες να τη βρεις; Λόγω της πυρκαγιάς;

ΝΕΜΙΑ
Η φωτιά δεν είχε ξεκινήσει ακόμα. Πέρασε ένας παράξενος τύπος από το δικό μου πόστο. Φαινόταν χαμένος. Στην αρχή δεν αντιλήφθηκα κάτι, αλλά όσο πέρναγε η ώρα κάτι δεν μου πήγαινε καλά μαζί του. Συμπεριφερόταν περίεργα και ύποπτα. Με την κουβέντα είπε ότι πέρασε και από τη Ρόζα. Και ότι πήρε ένα παλτό για τη γυναίκα του και διάφορα άλλα παράξενα λόγια. Έφυγε στο τέλος τρέχοντας και αυτό με αγρίεψε περισσότερο. Ξεκίνησα αμέσως γρήγορα για τον όροφο που ήταν η Ρόζα. Στο μεταξύ χτύπησε και ο συναγερμός της φωτιάς και πανικοβλήθηκα. Πήγα και σε λάθος όροφο από την τρομάρα μου. Μέχρι να τη φτάσω δεν ξέρω πόση ώρα έκανα.
(Συγκινημένη)
φοβήθηκα τόσο πολύ γι αυτήν. Ευτυχώς τη βρήκα. Στο βάθος στο δοκιμαστήριο. Σαν τσουβάλι πεταμένη στο πάτωμα. Τη

νόμισα νεκρή στην αρχή. Μου κόπηκε η ανάσα μέχρι να την πάρω στα χέρια μου και να τη δω να συνέρχεται. Έπιανε το κεφάλι της και προσπαθούσε να μιλήσει. «με χτύπησε» ψέλλιζε « αυτός με…» κάτι τέτοια. Ασυνάρτητα πράγματα.

ΠΑΤΕΡ
Θα ηρεμήσει τώρα σιγά-σιγά και θα μας πει. Σημασία έχει ότι γλύτωσε τα χειρότερα. Δόξα το θεό.

ΦΡΑΝΖ
Μα, αυτό είναι εξωφρενικό. Αυτό το κτήριο δεν είναι κατάστημα. Παγίδα θανάτου είναι. Τη μια κίνδυνος από τη διακοπή λειτουργίας του ασανσέρ. Την άλλη ύποπτοι τριγυρνούν και επιτίθενται σε προσωπικό και ίσως και σε πελάτες. Έπειτα φωτιά, που δεν ξέρουμε τι θα γίνει και αν καταφέρουμε να βγούμε ζωντανοί… ε… τι άλλο να προσθέσω. Όσο καλό δικηγόρο και να έχουν οι ιδιοκτήτες αυτής της κόλασης, δεν υπάρχει δικαστής που θα τους αθώωσει. Αν είμαστε τυχεροί και σωθούμε, θα πλουτίσουμε από αυτήν την ιστορία.

ΜΑΙΡΗ
Δεν ξέρω αν θα πλουτίσουμε. Ούτε με ενδιαφέρει αυτό. Συμφωνώ, όμως, να τιμωρηθούν παραδειγματικά όσοι άσκησαν βία και επιτέθηκαν σε ανθρώπους σήμερα, κύριε ΦΡΑΝΖ.

ΦΡΑΝΖ
Νομίζεις ότι θα φοβηθώ να απαντήσω; Το χέρι μου το βλέπεις; Είναι τραυματισμένο και δεμένο έτσι, εξ αιτίας σου. Έχω γιατρό μάρτυρα. Ποιον έβλαψα εγώ, ε; Τραυματίστηκε κανείς από μένα; Όχι. ας μου κάνει μήνυση όποιος θέλει για εξύβριση. Τα χαρτιά περίθαλψης λένε ότι τραυματίστηκα εδώ μέσα και εσύ φταις γι αυτό. Έριξες το καρότσι πάνω μου.

ΜΑΙΡΗ
Διαστρεβλώνεις τα γεγονότα όπως σε συμφέρει. Εσύ επιτέθηκες με σουγιά σε άνθρωπο. Εγώ σε απέτρεψα και δεν μετανιώνω. Είσαι ανάξιος και να σου μιλήσω. Ένα κάθαρμα γεμάτο μίσος, ρατσισμό, και αλαζονεία.

(τον φτύνει)
Σε φτύνω γιατί δεν μπορώ να σε χαστουκίσω.

ΦΡΑΝΖ
(Κινείται απειλητικά)
Ως εδώ, ρε πουτανάκι… θα ζητήσεις συγνώμη, θες δε θες.

(ο ΤΖΑΚ ορμάει άμεσα και τον ακινητοποιεί εύκολα με τα χέρια του να τον κλείνουν σαν λάσο γύρω από το σώμα του. Τον σηκώνει και τα πόδια του ΦΡΑΝΖ δεν ακουμπούν στο έδαφος. Χτυπιέται και βρίζει. Ο ΤΖΑΚ τον πάει σιγά-σιγά προς την άκρη της ταράτσας)

ΦΡΑΝΖ
Άσε με κάτω, ρε… άσε με κάτω, ρε πούστη.

ΤΖΑΚ
(φτάνει στην άκρη. Είναι έτοιμος να τον ρίξει στο κενό)

ΠΑΤΕΡ
(Προσπαθεί να τον αποτρέψει. Αναστατωμένος και αυτός από αυτή την τροπή. Η ΝΕΜΙΑ επίσης πλησιάζει και αυτή για τον ίδιο λόγο)

Άφησέ τον, παιδί μου. Δώσε τόπο στην οργή. Κανείς μας δεν του δίνει σημασία. Ένας χαμένος άνθρωπος είναι.

ΤΖΑΚ
(Αρχίζει να νιώθει και τη στέρηση των ναρκωτικών μαζί με το θυμό που τον έχει κατακλύσει)

Θα μετρήσω ως το πέντε. Αν δεν ζητήσεις συγνώμη απ όλους μας, θα σε πετάξω κάτω.

(τα μάτια του έχουν γουρλώσει πια)
Ορκίζομαι σε ότι ιερό ή κακό υπάρχει σε τούτη τη ζωή. Δεν με νοιάζει τίποτα.
(μετράει)
Ένα.

ΦΡΑΝΖ
Άσε με κάτω, ανώμαλε… πρεζάκια. Σε κατάλαβα από την πρώτη στιγμή, πούστη. Άσε με κάτω.

ΤΖΑΚ
Δυο.

ΠΑΤΕΡ
Άστον, παιδί μου. Μη φορτωθείς τέτοιο κρίμα. Άκουσε με και μένα. Δε θα γαληνέψεις ποτέ μετά.

ΝΕΜΙΑ
Σταματήστε, σας παρακαλώ. Μη λερώστε τα χέρια σας για έναν τέτοιο άνθρωπο. Κανείς μας δεν ενδιαφέρεται για ότι και να λέει.

ΤΖΑΚ
Τρία.

ΦΡΑΝΖ

Άσε με, σου λέω. Θες να ξεκάνεις και μένα όπως τον
αστυνομικό ,ε; για τα ναρκωτικά πήγε να σε βουτήξει, ε;
Και τώρα θες να κλείσεις και το δικό μου στόμα.

(ο ΤΖΑΚ προχωράει ακόμα πιο άκρη και κρατάει προς το κενό
τον ΦΡΑΝΖ)

εντάξει... άσε με... άσε με.

ΤΖΑΚ
(Με δυνατή φωνή τώρα)
Τέσσερα. Θα πεις συγνώμη.

ΜΑΙΡΗ

Τζακ, αφησέ τον. Αρκετή δουλειά έχουν οι πυροσβέστες
κάτω. Δεν χρειάζεται να μαζεύουν επιπλέον σκουπίδια.
Αδιαφορώ για τη συγνώμη του.

ΤΖΑΚ

(Κάνει μια τελευταία κίνηση για να πετάξει τον ΦΡΑΝΖ και
ταυτόχρονα λέει το τελευταίο νούμερο)

Πέντε.
(την ίδια στιγμή ο ΦΡΑΝΖ παραδίδεται και φωνάζει με
τρεμάμενη φωνή...)

ΦΡΑΝΖ

Συγνώμηηηηηη...

ΤΖΑΚ

(Συνεχίζει την περιστροφική κίνηση που είχε ξεκινήσει και
πετάει στο πάτωμα τον ΦΡΑΝΖ σαν σακί)

Όσο είμαστε εδώ, θα προσέχεις τα λόγια σου.

ΦΡΑΝΖ

Εσύ θα πρέπει να προσέχεις περισσότερο όταν και αν βγεις
από εδώ.

ΜΑΙΡΗ

Σκυλί που γαβγίζει...

(Μπαίνει ο μαύρος ΓΙΑΤΡΟΣ που είχε το επεισόδιο με τον
ΦΡΑΝΖ στο ασανσέρ. Βήχει και αυτός.)

ΜΑΙΡΗ
(Τον κοιτάζει με έκπληξη όπως και ο ΦΡΑΝΖ)

Γιατρέ, εσείς; Είσαστε καλά;

ΓΙΑΤΡΟΣ

Λίγο μπουκωμένος από τον καπνό, αλλά νομίζω εντάξει. Είχα
φύγει, αλλά ξαναγύρισα να πάρω την τσάντα μου, που είχα
ξεχάσει και εγκλωβίστηκα μόλις ξέσπασε η πυρκαγιά. Δεν
πάνε καλά τα πράγματα. Ο καπνός όσο πάει γίνεται και πιο
πυκνός. Σημαίνει ότι η πυρόσβεση δεν φέρνει ακόμα
αποτέλεσμα. Είδα και μερικούς ανθρώπους σκόρπιους κάτω.
Δεν μπόρεσα να τους πείσω να με ακολουθήσουν. Είναι
τρομερό.

ΦΡΑΝΖ

Καλύτερα. Πόσοι να χωρέσουν εδώ πάνω. Κι αν πήγαν προς τα
κάτω, δική τους ευθύνη.

ΝΕΜΙΑ

Σας παρακαλώ, μπορείτε να κοιτάξετε λίγο τη φίλη μου εδώ.
Τη Ρόζα.

ΦΡΑΝΖ

Υπάρχουν κι άλλοι πιο σοβαρά, γιατρέ.

(ο γιατρός τον έχει αναγνωρίσει και συνοφρυώνεται)

Εκεί, ο αστυνομικός. Είναι υποχρέωσή σου να δώσεις
προτεραιότητα σ' αυτόν, πρώτα, που είναι χειρότερα.
Πρέπει να σωθεί για να μπορέσει να γυρίσει στα καθήκοντά
του

(κοιτάει τον ΤΖΑΚ)
και να μιλήσει για διάφορες υποθέσεις που σχετίζονται με
την κατάσταση εδώ.

ΓΙΑΤΡΟΣ

Ξέρω τι έχω υποχρέωση και τι όχι. Ειδικά εσύ δεν είσαι σε
θέση να με συμβουλεύσεις.

(Στρέφεται προς τον αναίσθητο άνθρωπο)
όλους θα τους φροντίσω όσο μπορώ και με ό,τι μέσα διαθέτω
αυτή τη στιγμή. Και αυτό το ξέρεις.

(κοιτάζει προς τον ΦΡΑΝΖ. Ύστερα προς τη ΝΕΜΙΑ)

Θα δω και τη φίλη σου. Δεν φαίνεται πολύ άσχημα όμως. Μην
ανησυχείς.

(Πάει στον αστυνομικό και αρχίζει να τον εξετάζει
προσεκτικά)

ΠΑΤΕΡ
(Πλησιάζει τη Ρόζα.)

Πώς είσαι, κοπέλα μου; Καλύτερα;

ΡΟΖΑ
Λίγο καλύτερα. Το κεφάλι μου γυρίζει ακόμα από το χτύπημα.

ΜΑΙΡΗ
Θυμάσαι τίποτα περισσότερο;
ΡΟΖΑ
Όχι πολλά ακόμα. Έχω τρομερό πονοκέφαλο. Συγνώμη...

ΜΑΙΡΗ
Ούτε λίγο; Έστω το πρόσωπό του; Κάποιο χαρακτηριστικό... τι φορούσε... κάτι τέλος πάντων. Για να δώσεις κατάθεση όταν βγούμε επιτέλους από αυτό. Ίσως είναι ένα απλό κλεφτρόνι αλλά ίσως είναι και επικίνδυνος. Αν και για να μη διστάσει να σε χτυπήσει, δεν μοιάζει για κάποιον απλό κλεφτάκο.

ΡΟΖΑ
Δεν μπορώ να σκεφτώ καθαρά τώρα. Θέλω λίγο χρόνο. Το κεφάλι μου πονάει και τα μάτια μου τσούζουν.

ΜΑΙΡΗ
Έχεις δίκιο. Με συγχωρείς. Δεν πρέπει να σε πιέζω για τέτοια τώρα. Ας γλιτώσουμε με το καλό και...

ΡΟΖΑ
Μόνο ένα μου έρχεται τώρα. Είχε ένα τραύμα... ναι... αυτό μου τράβηξε την προσοχή.

ΝΕΜΙΑ
Ναι... τώρα που το είπες, και εγώ το είδα αυτό το τραύμα στο άτομο που σας είπα πριν.

ΜΑΙΡΗ
Πού είχε το τραύμα, θυμάστε; Στο κεφάλι, στο χέρι, στο πόδι;

ΝΕΜΙΑ - ΡΟΖΑ
(Μαζί)
Στην κοιλιά.
ΜΑΙΡΗ
(Γυρίζει και ψάχνει με το βλέμμα της το ΚΛΕΦΤΡΟΝΙ. Βλέπει ότι κάθετε παράμερα μαζεμένος, κουλουριασμένος σχεδόν, χωρίς να κοιτάζει τους υπόλοιπους. Σχεδόν αόρατος)

Είστε σίγουρες;

NEMIA

Ναι.

ΡΟΖΑ

Ναι.

NEMIA

Μάλιστα είχε σχηματιστεί αρκετά μεγάλος λεκές και είχε λερωθεί και το παλτό.

ΜΑΙΡΗ

Το παλτό... ήταν χρώμα καφέ;

NEMIA

Αυτός που ήρθε σε μένα,ναι. Καφέ φορούσε.

ΡΟΖΑ

Καφέ, ναι. Γιατί; Είδες κανέναν με τέτοιο;

ΜΑΙΡΗ

(...)

ΓΙΑΤΡΟΣ
(Σηκώνεται από τον αναίσθητο)

Δεν έχω σαφή εικόνα. Έχει χτυπήσει σε πολύ ευαίσθητο σημείο και χρειάζεται μεγάλη προσοχή. Αναπνέει δύσκολα αλλά τουλάχιστον σταθερά. Και οι παλμοί δεν είναι κοντά στο επικίνδυνο όριο. Ακόμα και αν βρει τις αισθήσεις του δεν πρέπει να μετακινηθεί χωρίς ειδικό φορείο και προστασία συγκεκριμένη. Χρειάζεται μια κουβέρτα όμως για να παραμείνει ζεστός. Έστω κάποιο ρούχο, κάτι...

ΤΖΑΚ

Να, πάρε τη καπαρντίνα μου. Δεν κρυώνω εύκολα. Ούτε την έχω μεγαλύτερη ανάγκη.

(του τη δίνει)

ΦΡΑΝΖ

Εγώ ένα σακάκι έχω. Αποκλείεται να το βγάλω. Η πνευμονία μου έλειπε τώρα.

(Βλέπει το παλτό που έχει βγάλει το ΚΛΕΦΤΡΟΝΙ για να μην τον γνωρίσουν οι ΝΕΜΙΑ και ΡΟΖΑ).

Να, πάρτε τούτο. Για να μην το φοράει, δε το χρειάζεται.

(Αρπάζει το παλτό πριν αντιδράσει το κλεφτρόνι και το προτάσσει στο γιατρό. Η ΝΕΜΙΑ και η ΡΟΖΑ βλέπουν το παλτό και γουρλώνουν τα μάτια τους. Το αναγνωρίζουν. Το ΚΛΕΦΤΡΟΝΙ είναι παγωμένο από την αποκάλυψή του. Ένας κεραυνός ακούγεται στο βάθος. Η μπόρα πλησιάζει)

(Η ΡΟΖΑ σηκώνεται και με τεντωμένο το χέρι δείχνει το παλτό που περνάει από το χέρι του ΦΡΑΝΖ στα χέρια του ΓΙΑΤΡΟΥ. Εξίσου τρομαγμένη δείχνει και η ΝΕΜΙΑ)

ΡΟΖΑ

Αυτό...

ΤΖΑΚ

Τι αυτό; Τι λες Ρόζα;

ΡΟΖΑ

Αυτό είναι... το παλτό που φορούσε ο ...

ΝΕΜΙΑ

(Πλησιάζει και αρπάζει το παλτό. Το περιεργάζεται και βρίσκει το ματωμένο λεκέ. Το πετάει κάτω από το φόβο της και γυρνάει προς το σημείο που βρίσκεται το ΚΛΕΦΤΡΟΝΙ. Έχει σηκωθεί όρθιος πια αλλά κοιτάζει αντίθετα. Όλοι εστιάζουν επάνω του. Η ΝΕΜΙΑ τον πλησιάζει λίγο ακόμα. Τώρα είναι σίγουρη.)

Αυτός είναι. Αυτός χτύπησε τη Ρόζα.

ΤΖΑΚ

Είσαι σίγουρη;

ΚΛΕΦΤΡΟΝΙ

(Κάνει μεταβολή και όλοι μπορούν να τον δουν πια. Ο λεκές στο πουκάμισό του έχει μεγαλώσει πια. Την κοιτάζει ατάραχος αλλά χωρίς την αυτοπεποίθηση που είχε πριν. Η ΝΕΜΙΑ τρέχει προς τη ΡΟΖΑ και την αγκαλιάζει προστατευτικά)

Ε, και λοιπόν;

(χειροκροτάει ειρωνικά)

με πιάσατε και τώρα; Τι θα κάνετε; Θα φωνάξετε την αστυνομία; Δεν νομίζω να προλάβουμε για τέτοιες λεπτομέρειες, φίλοι μου. Η φωτιά δεν πρόκειται να σβήσει. Και ο καθένας το τομάρι του πια.

ΦΡΑΝΖ

Βρε, βρε, βρε, λαγό που βγάλαμε. Μπράβο σου, πάντως. Καλά το έπαιξες. Σε παραδέχομαι. Δε σε πήρε κανείς χαμπάρι. Αλλά πού να φανταστείς ότι θα συναντιόσουν με το θύμα σου τόσο γρήγορα και σε τέτοιο ρομαντικό μέρος; Απ' ότι φαίνεται, μόνο εγώ θα βγάλω λεφτά απ όλη αυτή τη μανούρα.

ΜΑΙΡΗ

Κάθαρμα. Γελοίο υποκείμενο. Το έπαιζες και άνετος μέχρι πριν λίγο.

ΚΛΕΦΤΡΟΝΙ

Και ακόμα είμαι. Μπορεί να είμαι λίγο τραυματισμένος, αλλά τώρα δεν έχω να χάσω τίποτα. Και αυτό είναι χειρότερο για εσάς.

(βρίσκει ένα παλιό σίδερο η σωλήνα που βρισκόταν στο χώρο και το ζυγίζει στο χέρι του με νόημα.)
Ξέρω να προστατεύσω τον εαυτό μου. Ίσως δε σας βγει σε καλό που με ανακαλύψατε.

ΤΖΑΚ

Δεν χρειάζεται να κάνουμε κάτι. Όλοι σε είδαμε και μάθαμε τώρα. Πού θα κρυφτείς; Αν γλιτώσεις τη φωτιά δηλ., το σίδερο που κρατάς σε δείχνει περισσότερο γελοίο.

ΚΛΕΦΤΡΟΝΙ

Για πλησίασε, λοιπόν, να το πάρεις και θα δεις ποιος θα φαίνεται γελοίος μετά με ανοιγμένο κεφάλι.

ΠΑΤΕΡ

Γιατρέ, σκέπασε τον άνθρωπο με το παλτό.

(Πλησιάζει τη ΝΕΜΙΑ και ΡΟΖΑ)
Ελάτε πιο εδώ, εσείς. Μη φοβάστε. Δεν πρόκειται να σας ξαναπειράξει. Είμαστε κι άλλοι τώρα εδώ.

ΦΡΑΝΖ

Φίλε, είσαι στη φάκα τώρα. Σε συμπαθώ αλλά αν συνεχίσω να σε υποστηρίζω όπως πριν, θα με κακοχαρακτηρίσουν. Αντί για πορτοφόλια και πράγματα άσχετα, απόψε έπρεπε να σουφρώσεις κανένα αλεξίπτωτο. Ξέρεις τι τιμή θα έπιανε τούτην εδώ την ώρα; Δε θα χρειαζόταν να ξαναδουλέψεις.

ΚΛΕΦΤΡΟΝΙ

Ίσως να έχω και κάτι καλύτερο από αλεξίπτωτο, σκληρέ άντρα. Μακάρι να είχα βουτήξει κανένα παντελόνι για να στο χαρίσω.

(παριστάνει πως μυρίζει στο αέρα)
Το δικό σου βγάζει μια άσχημη μυρωδιά από την ώρα που παραλίγο να μετρήσεις το ύψος του κτηρίου.

ΦΡΑΝΖ
(Προσβεβλημένος)

Στη φυλακή που θα πας φρόντιζε να μυρίζεις εσύ ωραία τουλάχιστον. Θα περάσεις πολλές ρομαντικές βραδιές με τους συγκρατούμενους σου. Και κει δεν θα μπορείς να κρατάς κανένα σίδερο για άμυνα. Ή μάλλον θα κρατάς, και με τα δυο χέρια, τα σίδερα του κελιού σου όταν σε κολλήσουν επάνω τους και θα σου ψιθυρίζουν γλυκόλογα οι νέοι σου φίλοι.

ΚΛΕΦΤΡΟΝΙ
(Σηκώνει το σίδερο απειλητικά αλλά το τραύμα του πονάει και τον εμποδίζει να προχωρήσει)

ΓΙΑΤΡΟΣ
Άσε με, να δω το τραύμα σου. Σαν άνθρωπος σε απεχθάνομαι, αλλά σαν γιατρός οφείλω να βλέπω όλους όσους υποφέρουν το ίδιο και να μη διαχωρίζω.

ΜΑΙΡΗ
Ναι. Βρήκες άνθρωπο να το εκτιμήσει. Μην τον εμπιστεύεσαι, γιατρέ. Είναι ικανός να σου φέρει το σίδερο στο κεφάλι. Δεν υπάρχει λόγος να ρισκάρεις.

ΠΑΤΕΡ

Είναι σωστό αυτό που είπες, γιατρέ. Σε συγχαίρω. Όμως πρέπει να το εκτιμήσει και να το αποδεχτεί και ο ίδιος. Να πετάξει το σίδερο.

ΦΡΑΝΖ

Γιατρέ, θα στο πω ευθέως και αυτό. Δε δίνω δεκάρα αν σου ανοίξει το κεφάλι στα δύο. Ένας αράπης λιγότερος. Αλλά αν του προσφέρεις πρώτες βοήθειες ύστερα από όλα αυτά, θα είσαι μεγάλος κόπανος. Θα έχω να λέω για το μεγαλύτερο κόπανο αράπη που συνάντησα ποτέ. Θέλω να ξέρω πώς σε λένε αν με ρωτήσουν σε καμιά συνέντευξη.

ΓΙΑΤΡΟΣ

Τζέιμς... Δόκτωρ Τζέιμς.

ΦΡΑΝΖ
(Μένει κάγκελο)

Πώς;;

ΓΙΑΤΡΟΣ

Δόκτορας Τζέιμς.

ΦΡΑΝΖ
(Αποσβολωμένος)

Δηλ ο... γιατρός που...

ΓΙΑΤΡΟΣ

Ναι, ο γιατρός που έχει αναλάβει την προγραμματισμένη επέμβαση για την καρδιά σου σε λίγες μέρες. Μου μίλησε ο γιατρός που σου έδεσε το τραύμα από το μαχαίρι που προοριζόταν για μένα. Ανέφερες το όνομά μου και με ενημέρωσε αφού με γνωρίζει προσωπικά. Ούτε εγώ σε ήξερα. Σήμερα ,όμως, η τύχη κανόνισε να σε γνωρίσω. Και αφού διαπιστώνω έλλειψη εμπιστοσύνης, θα ήταν καλύτερα να...

ΦΡΑΝΖ

Δεν φαντάστηκα... οκ. Λάθος μου. Μην ακυρώσεις την επέμβαση. Μετά θα κάνω μήνες να ξαναμπώ σε σειρά προτεραιότητας.

ΓΙΑΤΡΟΣ

Θα σκεφτώ τι θα κάνω.

ΦΡΑΝΖ

Θα σε πληρώσω καλά να ξέρεις. Έξτρα.

ΜΑΙΡΗ

Ο νους σου στα λεφτά πάντα, ε; Νομίζεις ότι μπορείς να αγοράσεις τα πάντα με αυτά. Εγώ θα σε άφηνα να αγωνιάς σαν το σκυλί.

ΤΖΑΚ

Θα ωφελούσε αν τα χρησιμοποιούσε να πληρώσει και μια μεταμόσχευση εγκεφάλου.

ΦΡΑΝΖ

Εσύ πρεζάκι, το μόνο που χρειάζεσαι είναι να έχεις καλές φλέβες για τρύπημα. Τα άλλα όργανα σου είναι άχρηστα.

ΜΑΙΡΗ

Μη τον φουντώνεις πάλι, γιατί αν σε βουτήξει, δεν θα ξαναχρειαστείς γιατρούς σ' αυτή τη ζωή.

ΚΛΕΦΤΡΟΝΙ

Δε θέλω κανενός βοήθεια. Μη με πλησιάσει κανείς. Το ακούτε; Κανείς.

ΜΑΙΡΗ

Οκ. Εύκολο.

(Ο ΑΣΤΥΝΟΜΙΚΟΣ αρχίζει και βήχει. Δείχνει να αποκτά επαφή με τις αισθήσεις του. Ο ΓΙΑΤΡΟΣ σκύβει από πάνω του)

ΓΙΑΤΡΟΣ

Έχει κανείς λίγο νερό;

ΝΕΜΙΑ
(Βγάζει από το παλτό της ένα μπουκάλι)

Ορίστε. Ευτυχώς το πήρα μαζί μου όταν το είδα στο πόστο της Ρόζας.

ΦΡΑΝΖ

Έρχεται η ώρα να κελαηδήσει και αυτός.

(κοιτάζει τον ΤΖΑΚ)
Να δούμε τι είναι ο καθένας μας επιτέλους.

ΜΑΙΡΗ

Όσο καίει η φωτιά όλοι είμαστε το ίδιο. Ξεκόλλα, ηλίθιε.

ΦΡΑΝΖ

Όχι, κοριτσάκι μου αθώο. Καθόλου ίδιοι δεν είμαστε. Κοίτα γύρω σου. Ο καθένας κουβαλάει τα μυστικά του και μάλιστα κάποιο από αυτά είναι πολύ επικίνδυνο. Άσε λοιπόν τις ισότητες γιατί εδώ αν ξεχαστείς και γυρίσεις την πλάτη σου, σε φάγανε λάχανο όπως θα έχεις διαπιστώσει.

ΠΑΤΕΡ

Ας ηρεμήσουμε, επιτέλους, για πέντε λεπτά έστω. Ήμαρτον πια.

ΓΙΑΤΡΟΣ

Άνοιξε τα μάτια του. Δεν φαίνεται να μπορεί να μιλήσει όμως.

(Του δίνει νερό. Ο ΑΣΤΥΝΟΜΙΚΟΣ σηκώνει το χέρι του με πολύ κόπο και δείχνει τον ΤΖΑΚ. Όλοι κοιτούν τον ΤΖΑΚ τώρα.)

ΦΡΑΝΖ
(Κοροϊδευτικά)

Κάτι θέλει να πει ο ποιητής. Κάτι θέλει να πει.

(Μπαίνει ο ΤΟΜ με αγκαλιά τη ΣΑΡΑ. Μόλις βλέπει τη ΝΕΜΙΑ τρέχει κατευθείαν στην αγκαλιά της. Η ΝΕΜΙΑ ανοίγει τα χέρια της και την τυλίγει στοργικά. Της μιλάει στη νοηματική και προφορικά ώστε όλοι να ακούνε)

ΝΕΜΙΑ

ΣΑΡΑ, αγάπη μου. Καλό μου κορίτσι.

ΤΟΜ

Επιτέλους. Σε ψάχναμε. Είχα αρχίσει να φοβάμαι πολύ ότι δεν θα καταφέρναμε να βγούμε από κει μέσα.

(βήχει και αυτός έντονα. Κοιτάζει τους υπόλοιπους γύρω του. Μιλάει λαχανιασμένα για λίγα λεπτά).
Χαίρομαι που τα καταφέρατε και εσείς.

ΜΑΙΡΗ
(Δείχνει ανακουφισμένη από την έλευση του ΤΟΜ.)

Πόσο χαίρομαι και εγώ, Τομ, που βρέθηκες εδώ.

ΤΟΜ
Αν ξεχάσουμε ότι καίγεται το κτήριο και γω θα χαιρόμουν,
Μαίρη.

ΜΑΙΡΗ
Συγνώμη. Βλακεία είπα. Εννοούσα ότι είσαι σε πιο ασφαλές
σημείο. Και επιπλέον θα βοηθήσει η παρουσία σου να
ξεδιαλύνουν κάποια πράγματα

(κοιτάζει τον ΑΣΤΥΝΟΜΙΚΟ και τον ΦΡΑΝΖ που τώρα έχει
πάρει επιφυλακτικό ύφος. Ζυγίζει τη νέα κατάσταση με τα
μάτια του)

ΤΟΜ
Τι να ξεδιαλύνουμε δηλ; συμβαίνει τίποτα χειρότερο από
την πυρκαγιά;

(στρέφεται προς τον ΓΙΑΤΡΟ)
Γιατρέ, πώς είστε;

(Βλέπει τον ΑΣΤΥΝΟΜΙΚΟ)
Τι έπαθε ο άνθρωπος; Μα... είναι ο αστυνομικός ασφαλείας.
Τον ξέρω. Βρεθήκαμε και στο ασανσέρ σήμερα.

ΓΙΑΤΡΟΣ
Έχει χτυπήσει σε δύσκολο σημείο στο κεφάλι του. Κοντά
στον αυχένα. Είχε χάσει τις αισθήσεις του. Εδώ και λίγα
λεπτά, όμως, δείχνει να αποκτά μια επαφή με το
περιβάλλον.

ΦΡΑΝΖ
Και τι επαφή διάολε, ε; Αμέσως έδειξε κάποιον. Γιατί
άραγε;

ΤΟΜ
Δεν καταλαβαίνω. Πώς χτύπησε;

ΦΡΑΝΖ

Θα το καταλάβεις σύντομα.

ΤΟΜ

Και συ εδώ, ε;

ΦΡΑΝΖ

Το ξέρω ότι χάρηκες που με είδες. Και γω το ίδιο.

ΤΟΜ

Νέμια, Ρόζα, είστε καλά;

ΝΕΜΙΑ

Ναι, Τομ. Η Ρόζα είναι πιο αναστατωμένη και ταλαιπωρημένη αλλά σιγά-σιγά συνέρχεται. Τη χτύπησαν στο κεφάλι, κάτω στη δουλειά, στο πόστο της.

(Κοιτάζει προς το κλεφτρόνι)

ΤΟΜ

Τη χτύπησαν; Ποιος;

ΚΛΕΦΤΡΟΝΙ

Εγώ. Πες τώρα τα ηρωικά και αγανακτισμένα λόγια σου και τελείωνε. Σας βαρέθηκα.

ΤΟΜ

Εσύ; Ποιος σκατά είσαι εσύ;

ΡΟΖΑ

Ένα κλεφτρόνι που δρούσε μέσα στο κατάστημα. Κόντεψε να με αφήσει στον τόπο. Μέσα στο δοκιμαστήριο. Λιπόθυμη έμεινα. Κι αν δεν με έψαχνε η Νέμια...

ΤΖΑΚ

Μην ασχολείσαι μαζί του. Τώρα δεν μπορεί να πειράξει κανέναν. Παγιδεύτηκε μόνος του. Δυστυχώς και εμείς μαζί του.

TOM
(Προς τον TZAK)

Εσένα, σε θυμάμαι στο ασανσέρ. Μου φάνηκες στα χάλια σου,
να σου πω την αλήθεια. Όχι ότι τώρα δεν είσαι, αλλά μου
μπήκε η σκέψη ότι ήθελες να… πώς να το πω. Μπορεί να
ακουστεί τραβηγμένο… ότι ήθελες να αυτοκτονήσεις, ρε
άνθρωπέ μου.

ΠΑΤΕΡ
Να αυτοκτονήσει; Τι λες παιδί μου; Αυτός μας προστατεύει
τόση ώρα εδώ.

TOM
Εγώ πάντως ανησύχησα και προσπάθησα να ειδοποιήσω το
κέντρο να ψάξουν να τον βρουν.

ΜΑΙΡΗ
Τι τους είπες δηλαδή, Τομ; Κάποιος ανέβηκε για να
βουτήξει στο κενό;

TOM
Όχι, ακριβώς. Είχα κόσμο στο ασανσέρ και δεν ήθελα να
τους τρομάξω. Ούτε ήμουν απόλυτα σίγουρος. Έδωσα μια
περιγραφή του, μόνο για να έχουν το νου τους. Ότι μάλλον
πρόκειται για κάποιο κλεφτρόνι. Με είχε προειδοποιήσει
κιόλας αυτός

(Δείχνει τον ΑΣΤΥΝΟΜΙΚΟ)
ότι ψάχνουν κάποιον τέτοιο. Οπότε θα έδινα και κίνητρο να
ψάξουν πιο επίμονα.

ΜΑΙΡΗ
Περιγραφή; Και πώς τον περιέγραψες δηλ;

TOM
Έδωσα τα χαρακτηριστικά αυτά που έχει. Ύψος, ρούχα,
πρόσωπο, κτλ. Για να τον σώσω όμως. Αν είχε πάρει απόφαση
να σκοτωθεί.

ΓΙΑΤΡΟΣ
Οπότε ο αστυνομικός αυτός έψαχνε κάποιον σαν τον Τζακ…

ΜΑΙΡΗ

Και όχι σαν αυτόν. Τον πραγματικό κλέφτη και λίαν
επικίνδυνο κακοποιό.

(Δείχνει το ΚΛΕΦΤΡΟΝΙ)

ΦΡΑΝΖ

Καλά. Εδώ γίνεται της πουτάνας, εγώ σας χαλάω κατά άλλα.

ΚΛΕΦΤΡΟΝΙ

Όλες οι ιστορίες έχουν έναν μαλάκα. Ε, σε τούτη, το ρόλο
αυτό τον έχεις καπαρώσει εσύ.

ΤΖΑΚ

Όταν μιλήσει και ο αστυνομικός, θα επιβεβαιωθεί και ο
Τομ. Για όσους βιάστηκαν...

ΦΡΑΝΖ

Ο καθένας βιάζεται για τους δικούς του λόγους. Εγώ,
πάντως, για να βγω από αυτό το κωλοκτήριο. Και μετά να
βάλω δικηγόρο για να τρέξω τα θέματα της αποζημίωσης. Εσύ
(προς τον ΤΖΑΚ) για να βρεις τη δόση σου. Και δεν θέλω
αντιρρήσεις. Δεν το διέψευσες καν. Είδα τα χέρια σου και
τα μάτια σου τα κόκκινα. Ίδια με του γιού μου.
        (Μια στιγμιαία θλίψη περνάει από τα μάτια του.
        Ξαναβρίσκει όμως σύντομα τον εαυτό του)
Εσύ (στο ΚΛΕΦΤΡΟΝΙ). Καλά εσύ, όσο και να βιάζεσαι, δεν
έχεις ψωμιά πολλά. Ή κάρβουνο ή φυλακή.

ΠΑΤΕΡ

Μα, τι άνθρωπος είσαι, τέλος πάντων; Αυτή η αλαζονεία σου
και η κακία σου είναι απίστευτη.

ΦΡΑΝΖ

Άστο. Κήρυγμα αλλού. Μαθήματα επιβίωσης δεν χρειάζομαι,
παπά. Εσείς δε φωνάζετε κάθε Κυριακή ότι ζούμε μέσα σε
ζούγκλα; Ε, αυτό το νόμο ξέρω να εφαρμόζω. Θήραμα, εγώ
δεν γίνομαι.

ΤΟΜ

Μαθήματα επιβίωσης σου έδωσε η κοπέλα από δω. Αλλά είναι
φως φανάρι ότι είσαι στόκος για να διδαχτείς κάτι.

ΦΡΑΝΖ

Αν ήμουν στόκος, θα πάταγα κουμπάκια σε ασανσέρ,
μυαλοπώλη μου.

ΓΙΑΤΡΟΣ

Αρχίζω να πιστεύω ότι αν σε βάλω ξανά στη λίστα αναμονής-
ξέρεις μπορώ να εισηγηθώ ότι δεν είσαι επείγουσα
περίπτωση- ίσως σου κάνει περισσότερο καλό. Να εκτιμήσεις
καλύτερα τα πράγματα. Θα ήταν ένα καλό μάθημα να ζήσεις
μερικούς μήνες με την αγωνία. Ναι… νομίζω έτσι θα κάνω.
Σου αξίζει τελικά.

ΦΡΑΝΖ

Έχω χαρτί προτεραιότητας και μάρτυρες ότι με εκβιάζεις
από θέση ισχύος. Θα σου κάνω μήνυση.

ΜΑΙΡΗ

Και ποιος από εδώ θα επιβεβαιώσει τα ψέματά σου;

ΦΡΑΝΖ

Δεν είναι ψέματα το χαρτί προτεραιότητας. Και έχω μάρτυρα
που δεν μπορεί να πει ψέματα για τον εκβιασμό που δέχομαι
από τον γιατρό επειδή δεν γουστάρει τον χαρακτήρα μου.
Αυτό είναι διάκριση. Έτσι, παπά;

ΠΑΠΑΣ

Τι εννοείς;

ΦΡΑΝΖ

Εσύ. Εκπρόσωπος του θεού είσαι. Δεν μπορείς να πεις
ψέματα όταν κληθείς σαν μάρτυρας. Με εκβίασε μπροστά σου
ο Δόκτορας. Τον άκουσες. Θα με βάλει ξανά στην ουρά για
την επέμβαση. Θα ρισκάρει τη ζωή μου. Λέτε εμένα
ρατσιστή. Εμένα που δέχτηκα να βάλει τα χέρια του μαύρος
μέσα στο σώμα μου. Και αυτός τώρα με αφήνει στην ουρά.
Επειδή δεν με γουστάρει. Ίσως να θέλει να βάλει κανέναν
δικό του αράπη στη θέση μου. Γιατί όχι. Έχει τον τρόπο
του.

ΠΑΠΑΣ

Δεν είμαι, εγώ, η λύση στο πρόβλημά σου, παιδί μου. Η
λύση για όλα είναι μέσα σου.

ΦΡΑΝΖ

Άσε τα παπαδίστικα και έχεις ευθύνη να πεις ό,τι άκουσες. Θα κληθείς και αν θες, πες ψέματα.

ΠΑΠΑΣ

Τι είναι για σένα ψέμα, Φρανζ; Είσαι στο τελευταίο πάτωμα ενός 30όροφου κτηρίου που καίγεται. Υπάρχει κάτι πιο αληθινό από αυτό, για να σε κάνει να δεις το ψέμα μέσα στο οποίο ζεις;

ΚΛΕΦΤΡΟΝΙ

Όπως κατάλαβες, άρχοντα της ζούγκλας, δεν έχεις μάρτυρες.

(Μπαίνουν ο ΤΡΑΠΕΖΙΤΗΣ ο ΔΗΜΟΣΙΟΓΡΑΦΟΣ και τελευταίος το ΑΦΕΝΤΙΚΟ. Έχουν τυλίξει τα κεφάλια τους με ρούχα που βρήκαν στο κατάστημα για να προφυλαχτούν. Τα χαρακτηριστικά τους δεν είναι εμφανή από την αρχή. Βήχουν έντονα και τα ρούχα τους δείχνουν μουτζουρωμένα από την ταλαιπωρία που υπέστησαν μέχρι να φτάσουν εδώ. Στέκονται περίπου στη μέση της ταράτσας. Όλοι σταματούν τις κουβέντες και κοιτάζουν τις νέες αφίξεις. Βγάζουν σιγά-σιγά τα ρούχα από τα κεφάλια τους. Πρώτα ο ΔΗΜΟΣΙΟΓΡΑΦΟΣ και ο ΤΡΑΠΕΖΙΤΗΣ και τελευταίος το ΑΦΕΝΤΙΚΟ. Η ΜΑΙΡΗ και ο ΤΖΑΚ παγώνουν στη θέα του από την έκπληξη. Το ίδιο και αυτός μόλις τους αντικρίζει.)

ΜΑΙΡΗ-ΤΖΑΚ
(Μαζί)

Πατέρα!!

ΑΦΕΝΤΙΚΟ
(Βήχοντας και έκπληκτος)

Μαίρη;!!
        (Στρέφει το βλέμμα του και προς τον ΤΖΑΚ)
Και συ εδώ; Πώς; Από πού;
(Χάνει τα λόγια του και προσπαθεί να ανακτήσει την ψυχραιμία του. Οι υπόλοιποι ακόμα πιο έκπληκτοι από αυτήν την εξέλιξη)

ΤΡΑΠΕΖΙΤΗΣ

(Μουτζουρωμένος και αυτός από την κάπνα στο πρόσωπο και στα ρούχα. Προσπαθεί να συνειδητοποιήσει τι γίνεται μπροστά στα μάτια του. Λαχανιασμένος και με διακοπές τα λόγια του από το βήχα.)

Άλλο πάλι και τούτο. Πώς βρέθηκαν εδώ; Δε θυμάμαι να μου έχεις μιλήσει για τους δικούς σου. Ώστε αυτοί οι δυο είναι…

ΑΦΕΝΤΙΚΟ

Δε σε αφορούν οι δικοί μου. Ούτε εσένα ούτε κανέναν. Εμείς μόνο για δουλειές συζητάμε. Για την ώρα σκάσε λοιπόν.

ΤΡΑΠΕΖΙΤΗΣ

Καμιά αντίρρηση αφού το θες έτσι. Μόνο που τώρα η επιχείρηση σου καίγεται. Οπότε δε σε παίρνει να μου μιλάς έτσι. Αφενός γιατί δεν βλέπω τι δουλειές μπορούμε να κάνουμε πια, αφετέρου γιατί τώρα θα έχεις μεγαλύτερη ανάγκη από μένα. Σκασμό θα επιβάλεις τώρα εσύ στον εαυτό σου γιατί αυτή η φωτιά θα κάψει πολλά περισσότερα από ένα κτήριο φαντάζομαι. Και το κυριότερο κινδυνεύει η ζωή μας εξαιτίας σου.

ΦΡΑΝΖ

(Δεν πιστεύει στα μάτια του. Έχει γουρλώσει τα μάτια. Κοιτάζει προς τον ουρανό και παραμιλάει)

… και θαυμαστά τα έργα σου. Παπά, αν υπάρχει το αφεντικό σου, πες του ότι τον παραδέχομαι. Τέτοιο γαμωμπέρδεμα μόνο αυτός θα μπορούσε να σκαρώσει.

ΤΖΑΚ

(Αρχίζει και τον κατακλύζει το μίσος και η αναστάτωση. Σιγοβράζει και προσπαθεί να ελέγξει τις αντιδράσεις του. Το βλέμμα του εναλλάσσεται μεταξύ του πατέρα και της ΜΑΙΡΗΣ).

Νομίζω ότι κάνετε λάθος και οι δύο. Είναι η καταλληλότερη στιγμή να συζητήσουμε για δουλειές. Ειδικά για δουλειές που έχουν μείνει σε εκκρεμότητα και πρέπει να τελειώσουν.

TOM
(Και αυτός τα έχει χαμένα)
Τζακ, τι λες; Το αφεντικό μου είναι πατέρας σου; Μαίρη;
Και εσύ...;

(δείχνει με το χέρι του)
Κόρη του; Είστε δηλαδή...;

MAIPH
Ναι, Τομ. Αδέρφια, από άλλη μητέρα και πατέρα. Ο πατέρας
του και η μητέρα μου...

TOM
Μα πώς; Όσο καιρό δουλεύω εδώ τουλάχιστον δε σας είχα
ξαναδεί.

MAIPH
Δυο τρεις φορές έχω έρθει όλες-όλες Τομ. Απλώς, δεν με
πρόσεξες, γιατί δεν έγινε κανένα επεισόδιο όπως σήμερα
στο ασανσέρ. Άλλωστε, τόσα καρότσια, με ανθρώπους με
ειδικές ανάγκες, μπαινοβγαίνουν. Ο Τζακ...

ΑΦΕΝΤΙΚΟ
Τζακ; Άλλαξες και το όνομά σου βλέπω...

ΤΖΑΚ
Ναι. Και, να σου πω την αλήθεια, το προτιμώ. Έτσι κάνει
πιο μακρινή τη σχέση μου με σένα. Με βάφτισε έτσι η
αδερφούλα μου από δω, και είπα να το κρατήσω. Ξέρεις, ε;
δεν είχε σχεδόν ιδέα ποιος είμαι και πού ήμουν. Είχε φάει
μέχρι και το τελευταίο ψίχουλο από τα παραμύθια που την
είχες ταΐσει. Ούτε είχε ιδέα, φυσικά, για το τι μου είχες
προτείνει να κάνω.

ΑΦΕΝΤΙΚΟ
(Νιώθει πολύ άβολα. Φοβάται τις αποκαλύψεις που μπορεί να
προκύψουν από μια ανεξέλεγκτη κουβέντα)

Δεν καταλαβαίνω τι λες. Αλλά δεν είναι και η ώρα να
λύσουμε τα οικογενειακά μας προβλήματα. Κινδυνεύουμε και
πρέπει να μείνουμε ψύχραιμοι.

(στρέφεται και μιλάει προς όλους)

Πριν κοπούν οι γραμμές, πρόλαβα να κάνω ένα τηλεφώνημα τουλάχιστον. Ενημέρωσα ότι θα ανέβουμε προς τα πάνω στην ταράτσα. Χωρίς να ξέρω ότι θα βρω κι άλλους φυσικά. Αν μπορέσουν θα στείλουν έστω ένα ελικόπτερο. Τα άλλα τρία λείπουν σε αποστολές διακομιδής άλλων ασθενών, όπως είπαν.

ΤΖΑΚ
Οικογενειακά προβλήματα, είπες; Μα και αυτά μπίζνες τα έχεις κάνει. Ψέματα;

ΠΑΠΑΣ
Τέκνα μου, δεν ξέρω τι γίνεται εδώ. Αλλά ας κουβεντιάσουμε πώς θα σωθούμε. Μην κοιτάμε τα προσωπικά μας αυτή τη στιγμή. Έχουμε πληγωμένους και ένα παιδί. Για το θεό, λοιπόν. Ας συγκρατηθούμε και ας προστατεύσουμε ο ένας τον άλλο, μέχρι να δώσει ο θεός και να σωθούμε.

ΦΡΑΝΖ
Τι να συγκρατηθούμε, ρε παπαδούκο; Εδώ χορεύει ο διάολος. Και πώς να σωθούμε δηλαδή; τι άλλο να κάνουμε; Θα περιμένουμε να έρθει το ελικόπτερο μόνο. Αν στο μεταξύ δεν καταρρεύσει αυτό το σαραβαλιασμένο έκτρωμα, που το έχει ονομάσει κατάστημα αυτός ο απατεώνας
(δείχνει το ΑΦΕΝΤΙΚΟ)

ΚΛΕΦΤΡΟΝΙ
Για ετοιμάσου. Εσένα θα πάρει πρώτο-πρώτο το ελικόπτερο. Αν έρθει. Γιατί από παραμύθια απόψε…

ΤΖΑΚ
(Κοιτώντας με νόημα τον πατέρα του)
Πάντως σίγουρα κάποιους δε θα τους πάρει.

ΔΗΜΟΣΙΟΓΡΑΦΟΣ
(Έχει βγάλει το μπλοκάκι και σημειώνει κάθε τόσο)

Αυτό που ξέρω εγώ, είναι ότι έχω ό,τι χρειάζομαι για το καλύτερο ρεπορτάζ της καριέρας μου. Και δεν έχω σκοπό να αφήσω αυτή την ευκαιρία να πάει χαμένη.

ΑΦΕΝΤΙΚΟ

Άθλιε. Δεν πρόκειται να σε αφήσω να γράψεις τίποτα σε
καμιά κωλοφυλλάδα. Ούτε θα δεχτώ άλλους εκβιασμούς,
κοπρίτες.
(κοιτάζει και τον ΤΡΑΠΕΖΙΤΗ)

ΤΖΑΚ

(Έχει βρει ένα μπουκάλι, από αυτά που έχουν κρύψει
υπάλληλοι και πίνει. Το ποτό τροφοδοτεί την οργή του σαν
αναμμένο φυτίλι που ταξιδεύει καιγόμενο προς την
εκρηκτική ύλη)

Δε σου αρέσουν να σε εκβιάζουν, πατέρα, ε;

ΑΦΕΝΤΙΚΟ

Όχι, βέβαια. Ούτε μπορούν. Ειδικά αυτοί που έχουν φάει με
χρυσά κουτάλια από μένα. Σαν του λόγου τους.

ΤΖΑΚ

Άρα, λες ότι ούτε εσύ έχεις εκβιάσει ποτέ κανέναν για
καμιά υπόθεση. Αφού δε σου αρέσουν αυτά τα πράγματα.

ΜΑΙΡΗ

(Βλέπει ότι ο ΤΖΑΚ αρχίζει και χάνει τον έλεγχο. Φοβάται
το απρόβλεπτο)

Τζακ, έλα κοντά μου και ηρέμησε. Θυμήσου τι είπαμε πριν.
Όταν ήμασταν μόνοι μας.

ΑΦΕΝΤΙΚΟ
(Ανήσυχος)
Τι είπατε δηλαδή;

ΦΡΑΝΖ
Γιατρέ, ετοιμάσου. Προβλέπω εγκεφαλικά και λιποθυμίες.
ΚΛΕΦΤΡΟΝΙ
Το ίδιο θα συμβούλευα και τον παπά. Σκάνε ξαφνικά κάτι
έκτακτα στα πιο απίθανα μέρη. Δεν ξέρω αν έχει τα
απαραίτητα αξεσουάρ αλλά θα τα βολέψουμε, παιδιά.
Δημοσιογράφε, εγώ να ξέρεις ένα κλεφτρόνι είμαι. Αλλά
τώρα δεν έχει κανένα ενδιαφέρον η ιστορία μου,
φαντάζομαι… (γελάει ειρωνικά)

TOM
(Πάει και κοιτάζει από την άκρη του κτηρίου)

Οι φλόγες έχουν ανέβει πάνω από τη μέση του κτηρίου.
Είναι τρελό. Συζητάτε για πράγματα ανώφελα. Αφεντικό,
μείνε στην άκρη και μη συνεχίζεις αυτού του είδους τη
συζήτηση. Μαίρη, Τζακ, σας παρακαλώ.

MAIPH
Συμφωνώ μαζί σου, Τομ. Όμως αν ήξερες... δεν είναι κάτι
απλό...

TOM
Αυτό που ξέρω, είναι ότι ίσως δεν έχει νόημα ό,τι και να
ειπωθεί τώρα.

ΑΦΕΝΤΙΚΟ
Δε θα πεις, εσύ, σε μένα πότε θα μιλήσω και πότε όχι.
Ούτε ο αράπης, ούτε κανένας από όλους σας. Εγώ όμως μπορώ
να σου πω ότι από αύριο θα ψάχνεις για δουλειά. Αν βρεις
με τέτοιο θράσος που δείχνεις.

TOM
Ίσως και συ, αφεντικό, πάθεις το ίδιο. Αύριο μπορεί να
είσαι κάποιος άλλος. Και η δουλειά σου ίσως είναι το
τελευταίο που θα σε πονέσει αν το χάσεις.

ΤΖΑΚ
Ίσως αφοσιωθεί σε φιλανθρωπικές οργανώσεις στην Αφρική.
Πάντα είχε ευαισθησίες για τον τρίτο κόσμο.

ΤΡΑΠΕΖΙΤΗ
Ποιος; Ο πατέρας σου; Φιλανθρωπίες στην Αφρική;
              (γελάει)
φίλε μου, μη με παρεξηγείς, αλλά πιστεύω ότι είναι πιο
εύκολο να πείσεις έναν καρχαρία να κάνει δίαιτα, παρά τον
πατέρα σου φιλανθρωπίες. Μάλλον έχετε να κουβεντιάσετε
καιρό μεταξύ σας.

ΤΖΑΚ
Ναι. Έλειπα στην Αφρική. Σε ανθρωπιστικές αποστολές. Έτσι
δε σας είχε πει;

[113]

ΜΑΙΡΗ

(Κυλάει το καρότσι της προς το μέρος του ΤΖΑΚ. Του πιάνει
το χέρι ανήσυχη)

Τζακ, αύριο θα πάμε μια βόλτα στο πάρκο. Μου υποσχέθηκες
ότι θα με πας. Θα ξεκινήσουμε μια νέα ζωή. Και γι αυτόν
θα αποφασίσουμε μαζί, Τζακ. Μη πετάς αυτή την επιλογή.

ΑΦΕΝΤΙΚΟ

Τι θα αποφασίσετε; Δεν είστε σε θέση να αποφασίσετε
τίποτα.
                    (στη ΜΑΙΡΗ)
Εσύ δεν είσαι ικανή για τίποτα. Κοίτα τη θέση σου. Εγώ σε
συντηρώ. Και την αλκοολική μάνα σου.

            (αρχίζει και χάνει τον έλεγχο πια)
και ποιο το ευχαριστώ; Και όσο για σένα…
(προς τον ΤΖΑΚ. Κομπιάζει. Δεν ξέρει πώς να χειριστεί το
γιο του)

Όλους σας, εγώ σας ζω. Και απαιτώ να με σέβεστε,
τουλάχιστον.

ΤΖΑΚ

Και όμως, πατέρα. Ήρθε η ώρα που δεν θα αποφασίσεις εσύ
για τον εαυτό σου. Έχασες αυτό το δικαίωμα.

ΑΦΕΝΤΙΚΟ

Τι έγινε, γιε; Δεν πήρες τη δόση σου σήμερα;

              (κοιτάζει του υπόλοιπους)
Τι με κοιτάτε; Ναι, είναι χρήστης. Με έχει καταστρέψει
τόσα χρόνια με το πάθος του. Δεν ξέρετε τι έχω περάσει
εξ' αιτίας του για να τον σώσω.

ΤΖΑΚ

Όχι, δεν έχω πάρει τίποτα σήμερα, πατέρα. Πάω στοίχημα
όμως την περιουσία μου, πως θα θελες. Για να κάθομαι
ήσυχος στη γωνιά μου και να μη σου γίνομαι ενοχλητικός.
Γιατί ,τώρα, το μυαλό μου είναι καθαρό και θυμάται.
Πονάει… αλλά θυμάται.

ΤΟΜ

Τζακ... ακουσέ με...

(Νιώθει ότι το πράγμα όσο πάει και φουσκώνει σαν κύμα.
Μπαίνει μπροστά του και προσπαθεί να τον αγκαλιάσει και
να τον απομακρύνει από το κέντρο της διαμάχης)

ΤΖΑΚ

(Τον ξαφνιάζει σπρώχνοντάς τον με αποτέλεσμα να ρίξει τον
Τομ στο έδαφος. Τραβάει το όπλο από το πίσω μέρος της
πλάτης του όπου το είχε κρύψει. Σημαδεύει τον πατέρα του.
τα μάτια του είναι καρφωμένα πάνω του. Έχει ιδρώσει και
κάθε τόσο σκουπίζει με το άλλο του χέρι τον ιδρώτα και
τις σταγόνες βροχής που όσο πάει δυναμώνει σιγά-σιγά.
Δείχνει αποφασισμένος)

Μπίζνες, πατέρα. Αφού έτσι σου αρέσει. Αυτή τη γλώσσα
καταλαβαίνεις. Ηρθε η ώρα του ταμείου, λοιπόν. Η ώρα του
ισολογισμού. Τόσα χρόνια με είχες στη λίστα του
παθητικού. Τώρα είπα να αλλάξω. Να περάσω απέναντι. Στο
ενεργητικό.
          (έχουν όλοι παγώσει στη θέα του όπλου)

ΑΦΕΝΤΙΚΟ

(Έχει χάσει το χρώμα του. Δεν μπορεί να πιστέψει αυτό που
αντιμετωπίζει)

Μα... τι κάνεις; με σημαδεύεις με όπλο; Τον πατέρα σου...;

ΜΑΙΡΗ

Τζακ... δώσε μου το όπλο. Θυμάσαι τι μου υποσχέθηκες; Σε
παρακαλώ.

ΠΑΤΕΡ

Παιδί μου, τι πας να κάνεις;

ΦΡΑΝΖ

Τζακ, ή όπως αλλιώς σε λένε, δε σε γουστάρω αλλά το
χοντραίνεις τώρα.

ΚΛΕΦΤΡΟΝΙ

Δε μου πέφτει λόγος, αλλά ελπίζω να ξέρει σημάδι. Έχω ήδη μια πληγή. Δεν νομίζω ότι θα λυπηθούν πολλοί σε τυχόν απώλεια του κυρίου.

ΝΕΜΙΑ

Σας παρακαλώ. Υπάρχει και παιδί εδώ.

ΡΟΖΑ

Κύριε Τζακ, μη το κάνετε.

ΔΗΜΟΣΙΟΓΡΑΦΟΣ

Τζακ, άσε το όπλο. Σου υπόσχομαι να γράψω όλη την ιστορία σου. Όλοι θα μάθουν την αλήθεια.

ΤΡΑΠΕΖΙΤΗΣ

Φίλε μου, εγώ ήθελα να τον σκοτώσω πολύ πριν από σένα. Ναι, είναι ότι χειρότερο πιστεύεις εσύ. Αλλά μπορείς να τον βλάψεις χειρότερα αν είναι ζωντανός. Πίστεψέ με. Θα υποφέρει χειρότερα.

ΤΖΑΚ

(Πλησιάζει τον πατέρα του. ακουμπάει την κάνη στο κεφάλι του. με το άλλο χέρι κρατάει το μπουκάλι και πίνει)

Εδώ. Μπροστά σε όλους. Πες, τι μου ζήτησες να κάνω στην Μαίρη. Πες, πού με είχες τόσα χρόνια. Πες, τι έκανες στη μητέρα μου.

ΚΛΕΦΤΡΟΝΙ

Εγώ το είπα. Θα χρειαστεί ο παπάς.

ΜΑΙΡΗ

Αρκεί που τώρα ξέρω εγώ, Τζακ. Μη γίνεις ίδιος. Δώσε μου το όπλο, γαμώτο μου.

(έχει βουρκώσει από την υπερένταση)
κάνε κάτι για να αξίζει η ζωή μας. Θέλω να φύγουμε μαζί από αυτή τη βρωμιά, Τζακ. Κάνε φτερά αυτές τις ρόδες που κυλάει η ζωή μου. Δώσε στα πόδια σου έναν άλλο δρόμο, Τζακ.

ΑΦΕΝΤΙΚΟ
(Έχει γονατίσει πια. Σαν να περιμένει κάποιον δήμιο να
του κόψει το κεφάλι. Προσπαθεί να ανακτήσει την ψυχραιμία
του)

Εμπρός, λοιπόν. Κάνε το. Τι περιμένεις. Θες να γίνεις
φονιάς; Γίνε. Εμπρός. Να, υπάρχει και δημοσιογράφος. Θα
γίνεις διάσημος. Γιος σκότωσε τον πατέρα του.

ΤΖΑΚ
(Ουρλιάζει πια)
Πες γιατί. Θα σε σκοτώσω. Πες το, ρε πούστη.

ΑΦΕΝΤΙΚΟ
Θες να με σκοτώσεις γιατί θέλησα το καλό σου. Γιατί ήθελα
να σε σώσω. Αχάριστε.

ΤΖΑΚ
(Αδειάζει το μπουκάλι με τη βότκα πάνω στον πατέρα του.
τον λούζει στην κυριολεξία. Πετάει το μπουκάλι που
γίνεται κομμάτια, μαζί με τα τελευταία απομεινάρια
ψυχραιμίας του πατέρα του. Ψάχνει στη τσέπη του πατέρα
του και βγάζει ένα αναπτήρα Ζίπο και τον ανάβει)

Θα σε κάψω, ρε καθίκι. Θα σου βάλω φωτιά να σε δω να
καίγεσαι όπως το κωλομαγαζάκι σου. Να σε ακούσω να
ουρλιάζεις από τον πόνο. Και μετά θα σου φυτέψω και μια
σφαίρα στο κεφάλι. Να υποφέρεις όπως σου αξίζει.

ΑΦΕΝΤΙΚΟ
(Καταρρέει και αρχίζει να κλαίει από τον τρόμο)

Όχι αυτό… θα πω… ότι θέλεις θα πω.

ΤΖΑΚ
(Ο αναπτήρας αναμμένος και το όπλο στο κεφάλι)

Πες τα.

ΜΑΙΡΗ
(Απογοητευμένη πλήρως)
Ω, Τζακ…

ΑΦΕΝΤΙΚΟ

Σου ζήτησα... να... βγάλεις από τη μέση την Μαίρη.

ΤΖΑΚ

(Ουρλιάζοντας)

Πες το ακριβώς όπως μου το ζήτησες.

ΑΦΕΝΤΙΚΟ

Ναι... σου ζήτησα να... σκοτώσεις την αδερφή σου... για να μην πάρει την περιουσία μας. Ότι ήταν άχρηστη έτσι κι αλλιώς. Αλλιώς θα αποκλήρωνα εσένα. Και...

ΤΖΑΚ

Και τι άλλο...

ΑΦΕΝΤΙΚΟ

Και... εγώ θα φρόντιζα να πεθάνει η μάνα της. Θα μας έμενε και η δική της περιουσία.

ΜΑΙΡΗ

Τζακ... σταμάτα το.

ΦΡΑΝΖ

Παπά, αυτό που σου είπα για το αφεντικό σου, άστο. Θα του το πω αυτοπροσώπως. Αισθάνομαι αγγελούδι μπροστά σ' αυτούς εδώ.

ΤΖΑΚ

Πες και τα υπόλοιπα.

ΑΦΕΝΤΙΚΟ

Σε έκλεινα σε κλινικές αποτοξίνωσης για χρόνια. Και ταυτόχρονα σου προμήθευα και τις δόσεις σου. Ντρεπόμουν για σένα. Δεν ήθελα να σε δείχνω στον κόσμο. Δεν ήθελα καν να σε θυμούνται. Ότι είχα κάποτε γιο. Έλεγα σε όλους ότι είχες αποφασίσει να αφιερώσεις τη ζωή σου στην Αφρική. Στους φτωχούς και αρρώστους του κόσμου εκεί κάτω. Και...

(κλαίει)

τη μητέρα σου...

[118]

ΤΖΑΚ

(Οι φλέβες του έχουν πεταχτεί στο λαιμό του από την οργή)

Πες το, κάθαρμα...

ΑΦΕΝΤΙΚΟ

Έσπρωξα τη μητέρα σου στην αυτοκτονία με όσα σου έκανα...
συγχώρεσε με...

ΤΖΑΚ

Γιατί ζητάς συγνώμη; Μια δουλειά ήταν κι αυτό. Απλώς δεν
πήγε καλά για σένα τώρα. Συμβαίνουν αυτά. Τώρα θα
περάσεις στο παθητικό. Ο λογαριασμός έκλεισε. Να πας στο
διάολο.

(Ενώ παίρνει μια βαθιά ανάσα και ετοιμάζεται να τραβήξει
τη σκανδάλη, η ΜΑΙΡΗ, που είναι πιο κοντά, πέφτει επάνω
του με το καρότσι και ταυτόχρονα όλοι οι υπόλοιποι, εκτός
του ΚΛΕΦΤΡΟΝΙΟΥ, πέφτουν επάνω του επίσης, σχηματίζοντας
ένα ανθρώπινο βουνό όπου δεν ξεχωρίζουν τα σώματα.
Προσπαθούν να του αποσπάσουν το όπλο. Όμως ακούγεται ένας
πυροβολισμός τελικά. Μένουν όλοι ακίνητοι για λίγα
δευτερόλεπτα. Ακούγεται μόνο ο ήχος της βροχής και οι
ανάσες τους. Κοιτάζουν τον εαυτό τους και τους άλλους για
να δουν αν πληγώθηκε κάποιος. Όλοι φαίνονται καλά
αρχικώς, αλλά καθώς ανοίγουν, στο βάθος φαίνεται η Σάρα.
Μια κόκκινη κηλίδα έχει σχηματιστεί ψηλά στο στήθος της.
Το κοριτσάκι την κοιτάει και μετά στρέφει το βλέμμα της
προς τους υπόλοιπους πριν καταρρεύσει στο έδαφος.)

ΝΕΜΙΑ

(Ίσα που βγαίνει μια απόκοσμη φωνή από μέσα της από το
σοκ)
Σάρα.

ΜΑΙΡΗ

Σάρα... αγάπη μου. Όχι, θεέ μου.

ΓΙΑΤΡΟΣ

(Τρέχει και γονατίζει μπροστά στο κορίτσι. Προσπαθεί να
εκτιμήσει την κατάσταση της. Ακούγεται μόνο μια βροντή
από την καταιγίδα στο βάθος. Περιμένουν να ακούσουν το
ΓΙΑΤΡΟ)

Αναπνέει, αλλά δύσκολα.

ΦΡΑΝΖ
Ποιος, σκατά, πάτησε τη σκανδάλη;

ΤΖΑΚ
(Μοιάζει να επανέρχεται στην πραγματικότητα. Δείχνει
έντρομος από αυτό που έγινε)

Εγώ φταίω για όλα.

ΔΗΜΟΣΙΟΓΡΑΦΟΣ
Νομίζω ακούω κάτι. Μοιάζει με ελικόπτερο. Μακάρι…

ΡΟΖΑ
Ναι… εκεί.

(κοιτάζει ψηλά στην κατεύθυνση απ' όπου έρχεται το
ελικόπτερο)

ΝΕΜΙΑ
(Κουνάει σας τρελή τα χέρια της)
Εδώ… εδώ

(Μια δεσμίδα φωτός κόβει το σκοτάδι και πέφτει πάνω στην
ταράτσα. Ένα σκοινί με ένα καλάθι κατεβαίνει. Ακούγεται
μια φωνή από το μεγάφωνο του ελικοπτέρου.)

Μόνο ένας, κάθε φορά. Είναι μικρό το σκάφος. Θα γυρίζουμε
για τους υπόλοιπους. Δεν χωράει παραπάνω.

ΜΑΙΡΗ
Το παιδί πρώτα,γιατρέ.

(ο ΓΙΑΤΡΟΣ μαζί με τη ΝΕΜΙΑ και τον ΤΟΜ βάζουν τη ΣΑΡΑ
στο καλάθι. Το σκοινί με το καλάθι με το κορίτσι
σηκώνεται μέσα σε μια φωτεινή δέσμη προς τον ουρανό. Από
κάτω όλοι κοιτούν τη ΣΑΡΑ που ανεβαίνει)

ΦΡΑΝΖ
Εγώ, δεύτερος, όταν επιστρέψει. Έχω τραυματιστεί.
ΓΙΑΤΡΟΣ
Υπάρχει και άλλος χειρότερα από σένα. Τον ξέχασες, τώρα;

(δείχνει τον αστυνομικό)

ΚΛΕΦΤΡΟΝΙ

Και εγώ πληγωμένος είμαι.

ΤΡΑΠΕΖΙΤΗΣ

Να ρίξουμε κλήρο. Όλοι το ίδιο είμαστε.

ΤΟΜ

Αργά το θυμήθηκες.

ΔΗΜΟΣΙΟΓΡΑΦΟΣ

Δε με νοιάζει για τον εαυτό μου, αλλά το ρεπορτάζ πρέπει να φτάσει στη εφημερίδα για το πρωινό φύλλο. Υπάρχουν πολύ σοβαρά πράγματα που πρέπει να γραφτούν. Θα γυρίσει πάλι το ελικόπτερο, να πάρει και τους υπόλοιπους.

ΚΛΕΦΤΡΟΝΙ

Αν προλάβει, πριν καούμε. Αλλιώς, θα μας τιμήσεις, φαντάζομαι, με το να βάλεις τα ονόματά μας στις αγγελίες με τις κηδείες. Και να γράψεις, επίσης, ό,τι θέλεις και όπως τα θέλεις.

ΠΑΠΑΣ

(Βλέπει το όπλο στο έδαφος. Τρέχει και το αρπάζει. Το πετάει στο ΚΛΕΦΤΡΟΝΙ, που το πιάνει στον αέρα. Στη συνέχεια ,βγάζει το ράσο. Από μέσα φοράει μια μαύρη καθημερινή φόρμα. Οι υπόλοιποι κοιτάζουν προσπαθώντας να κατανοήσουν τι συμβαίνει. Το ΚΛΕΦΤΡΟΝΙ κρατάει το όπλο χωρίς να σημαδεύει κάποιον ,αλλά δείχνει απειλητικός πια και έχει ξανακερδίσει την χαμένη αυτοπεποίθηση του.)

Αρκετά. Έλα, Βίνσεντ. Έλα κοντά μου. Εμείς οι δυο θα ανέβουμε.

ΚΛΕΦΤΡΟΝΙ- (ΒΙΝΣΕΝΤ)
(Πλησιάζοντας)

Επιτέλους. Είχα βαρεθεί να περιμένω να κινηθείς. Είχα αρχίσει να πιστεύω και εγώ ότι ήσουν παπάς. Έχεις μάθει καλές ατάκες από τον μακαρίτη τον παπά τον πατέρα σου, αλλά δεν περίμενα ότι θα έδινες τέτοιο ρεσιτάλ. Ούτε στο Μπροντγουέι συναιτεράκι μου τέτοια υποκριτική.

ΠΑΠΑΣ

Για την ώρα,έχω να σου πω ότι τα έκανες θάλασσα. Είσαι το λιγότερο επιπόλαιος. Θα το σκεφτώ πολύ να ξανακάνω δουλειές με σένα.

ΤΟΜ

Πάτερ;
(Μην πιστεύοντας ακόμα)

ΚΛΕΦΤΡΟΝΙ - (ΒΙΝΣΕΝΤ)

Ακόμα στο πάτερ έχεις μείνει εσύ; οι καλές δουλειές γίνονται όταν συνεργάζονται δύο, αδερφέ. Τι πιο αθώο κουστούμι, λοιπόν, από το ράσο. Μόνο που δε σας εξομολόγησε. Αν και όλα τα είπατε μόνοι σας
(γελάει ειρωνικά)

ΓΙΑΤΡΟΣ

(Ψύχραιμος και στιβαρός)
Θα χρειαστούν κι άλλες ατάκες. Πολύ πιο έξυπνες για να σε βοηθήσουν.

ΠΑΠΑΣ

(Χαμογελάει αμυδρά με μια μικρή αμφιβολία να φαίνεται στο βλέμμα του)

Γιατρέ, σε έχει πειράξει ο καπνός. Τελείωσε το παιχνίδι. Σε λίγο, αναχωρούμε εγώ και ο φίλος μου και εξαφανιζόμαστε μόλις πατήσουμε το έδαφος - ως θύματα φυσικά.

ΓΙΑΤΡΟΣ

Οι καλές δουλειές γίνονται με δύο ,είπε ο συνέταιρος σου. Συμφωνώ απολύτως. Και αυτός ο αστυνομικός εδώ δούλευε με τον ίδιο τρόπο. Εγώ είμαι ο συνέταιρος του. Ο δεύτερος αστυνομικός που ψάχναμε μαζί το κτήριο. Τι ατάκα θα πεις τώρα;

ΠΑΠΑΣ

(Δείχνει μπλοκαρισμένος.)
Τι;
(Δεν πιστεύει. Σηκώνει το όπλο και σημαδεύει το ΓΙΑΤΡΟ)

Δεν χρειάζεται να πω τίποτα εγώ. Αν χρειαστεί, θα μιλήσει το σιδερικό του συναδέλφου σου, όπως λες.

ΓΙΑΤΡΟΣ
(Με αυτοπεποίθηση τον πλησιάζει)

Δεν μπορεί να γίνει αυτό. Το όπλο που κρατάς είχε μόνο
μια σφαίρα. Πότε δεν το γέμιζε. Φοβόταν τα όπλα, όσο
παράξενο κι αν σου ακούγεται. Ήθελε να περιορίσει τις
πιθανότητες του απρόοπτου. Κάτι, που δυστυχώς, δεν έγινε
πριν λίγο, όπως είδες. Αυτό που κρατάς είναι άχρηστο πια,
αν και πρόλαβε να κάνει κακό. Μέσα στη τσάντα μου έχω το
δικό μου, που είναι κανονικά γεμάτο. Μη με αναγκάσεις να
το βγάλω. Αν επιλέξεις να πατήσεις τη σκανδάλη, θα το
θεωρήσω σαν να είχε σφαίρα και θα υποστείς τις συνέπειες
πιο σκληρής τιμωρίας. Μην επιβαρύνεις τη θέση σου. Ήδη
έγιναν πολλά. Ας τελειώσει. Ήδη απέτυχε ό,τι κι αν είχατε
στο μυαλό σας. Και μου φαίνεσαι πιο λογικός από τον...
επιπόλαιο συνέταιρο σου. Ούτε φονιάς μοιάζεις. Λοιπόν;
Έχεις άλλη ατάκα ή θα ξαναγίνεις παπάς;

ΦΡΑΝΖ
Και η εγχείρηση που θα μου έκανες; Δηλαδή, με δούλευες
κανονικά. Δεν είσαι ο Δόκτορας Τζέιμς.

ΓΙΑΤΡΟΣ
(Στρέφεται προς το μέρος του)

Στο ασανσέρ, σου πρόσφερα απλώς τις πρώτες βοήθειες. Έχω
εκπαιδευτεί σ'αυτά. Έπρεπε, όμως, να συνεχίσω να
παριστάνω έναν απλό γιατρό. Για να κινούμαι πιο εύκολα
και να παρατηρώ. Γι αυτή τη δουλειά με πήραν εδώ. Όταν
μίλησα με το γιατρό του καταστήματος είπαμε για σένα.
Ήξερε βέβαια την ιδιότητά μου. Η τύχη περιέπλεξε τα
πράγματα. Ο συνάδελφος ψάχνοντας τον ύποπτο βρέθηκε εδώ
πάνω. Όλα τα άλλα προέκυψαν λόγω της πυρκαγιάς.

(Πλησιάζει ατάραχος, απλώνει το χέρι με σιγουριά και
παίρνει το όπλο από τα χέρια του παπά, χωρίς αυτός να
αντιδράσει καθόλου ,δείχνοντας απογοητευμένος)

Τώρα,προέχει να σωθεί το κορίτσι, και αν γίνεται στη
συνέχεια και εμείς. Τα υπόλοιπα θα πάρουν το δρόμο τους.
(Κοιτάζει με νόημα το ΑΦΕΝΤΙΚΟ τα ΚΛΕΦΤΡΟΝΙΑ και τους
υπόλοιπους)

(η βροχή τώρα έχει δυναμώσει. Ακούγονται βροντές και αστραπές φωτίζουν τον ορίζοντα. Ο ΤΟΜ πάει προς την άκρη του κτηρίου και κοιτάζει κάτω. Κόκκινες λάμψεις φωτίζουν το πρόσωπό του. ο ΓΙΑΤΡΟΣ τον πλησιάζει και στέκεται δίπλα του. Μοιάζει χλωμός. Σαν να πέρασε έναν γκρεμό. Κοιτάζει και αυτός κάτω και μετά προς τον ορίζοντα.)

ΤΟΜ
(Συνεχίζει να κοιτάει τον ορίζοντα χωρίς να στρέφει τη ματιά του προς τον ΓΙΑΤΡΟ)
Τι σκέφτεσαι;

ΓΙΑΤΡΟΣ
Σκέφτομαι ότι ένα ψέμα μπορεί να σκοτώσει… μπορεί και να σώσει. Αλλά δεν γίνεται να ξέρεις από πριν αν είσαι άνθρωπος.

ΤΟΜ
Δεν είσαι αστυνομικός, ε;

ΓΙΑΤΡΟΣ
Πώς το κατάλαβες;

ΤΟΜ
Το αφεντικό δεν θα έβαζε ποτέ αράπη μπάτσο στο μαγαζί του. Δεν είπες ψέματα. Απλώς έπαιξες το χειρότερο φύλλο, με τον πιο έξυπνο τρόπο. Μπλόφα το λένε τα χαρτόμουτρα. Και ο παπάς το έφαγε. Πάσο.

ΓΙΑΤΡΟΣ
(Παύση. Βγάζει και ανάβει τσιγάρο. Τραβάει μια βαθιά τζούρα)

Η μικρή θα ταλαιπωρηθεί αλλά θα ζήσει. Δεν βρήκε καρδιά το βλήμα.

ΤΟΜ
(Παύση. Δείχνει βουρκωμένος.)

ΓΙΑΤΡΟΣ
Εσύ τι σκέφτεσαι, Τομ;

[124]

Σκέφτομαι… ότι ο παράδεισος βρισκόταν μέσα σε κείνο το καλάθι που ανέβαινε επάνω προς το φως. Και ότι η κόλαση αυτού του παιδιού είμαστε όλοι εμείς εδώ κάτω. Ακόμα κι αν σωθούμε ,ίσως ήδη έχουμε καεί σαν άνθρωποι.

ΓΙΑΤΡΟΣ

Πώς σου ήρθε αυτό; Τώρα το κατάλαβες;

ΤΟΜ

(Κοιτάζει ψηλά ψάχνοντας κάποιον αόρατο συγγραφέα η θεό σαν να χρωστάει μια απάντηση σ' αυτόν)

…τώρα ήμουν έτοιμος

(Η βροχή πέφτει καταρρακτωδώς πια. Οι λάμψεις των αστραπών ανακατεύονται με τα φώτα και το κόκκινο της φωτιάς. Όλοι στέκονται ακίνητοι μέχρι που εμφανίζεται πάλι μια δέσμη φωτός από το ελικόπτερο που γύρισε. Κοιτάζουν προς τα πάνω χωρίς όμως να βιάζεται κανείς τώρα.)

(Μουσική)

ΤΕΛΟΣ

www.ingramcontent.com/pod-product-compliance
Lightning Source LLC
Chambersburg PA
CBHW032112040426
42337CB00040B/237